# 최고의 인재는 무엇이 다른가

회사에서 인정받는
사람의 특별한 기술

# 최고의 인재는
# 무엇이 다른가

| 박봉수 지음 |

원앤원북스

# 최고의 인재는 어떻게 만들어지는가?

신입사원과 최고경영자를 제외한 모든 직장인은 팔로워[follower]임과 동시에 리더[leader]다. 오늘날 리더의 개념은 어떤 직책을 부여받은 사람만이 리더가 되는 것이 아니라 자신이 맡은 일에 가장 큰 영향력을 미치는 모든 사람이라고 할 수 있다. 또한 팔로워란 리더의 명령을 단순히 수행하는 복종자나 추종자가 아니라 능동적으로 업무를 수행하는 주체적 존재다.

따라서 구성원들은 리더십[leadership]과 아울러 팔로워십[followership]을 확보해야 한다. 리더십이란 팔로워들이 정서적·감정적으로 자신의 업무와 회사에 애착을 갖도록 이끌어내는 힘을 말하며, 팔로워십이란 조직의 과업 달성을 위해 리더를 적극적으로 서포팅[supporting]하고 능동적으로 일을 찾아서 스스로 과업을 수행하는 것을 말한다.

그렇다면 훌륭한 리더에겐 어떤 특징이 있을까?

첫째, 팔로워를 진정한 업무 파트너로 생각한다. 파트너란 서로 대등한 관계를 말한다. 리더와 팔로워가 파트너 관계일 때 상호 신뢰를 구축할 수 있고 팔로워가 열정을 보인다.

둘째, 팔로워의 자율성과 독립성을 인정하고 문제를 함께 고민하고 해결하려는 노력을 기울이며 성과는 균등하게 나눈다. 자율성을 인정하지 않고 성과를 독식하게 되면 조직의 시너지 효과를 기대할 수 없기 때문이다.

셋째, 창의적으로 조직과 시스템을 개선하려는 노력을 기울인다. 블루오션은 창의성이 바탕이 될 때 실현이 가능하다는 것을 그들은 매우 잘 알고 있다.

넷째, 개인보다 팀을 우선시한다. 팀 활동이 개인 활동보다 월등한 시너지 효과가 있다는 사실을 명확하게 알고 있기 때문에 팀워크를 위해 자신의 희생을 기꺼이 받아들인다.

다섯째, 항상 최고를 지향한다. 자신이 가진 역량 이상의 성과를 창출하기 위해 자신의 자원을 집중한다. 자신의 약점을 줄이는 데 힘을 기울이기보다는 강점을 더욱 강화하는 데 역량을 집중해 성과를 극대화한다.

여섯째, 개인과 개인, 조직과 조직을 효과적으로 연결하는 방법을 잘 알고 있다. 그들은 조직 구성원들과 조직이 필요할 때 항상 그곳에 자리하고 있다.

반면 팔로워들에게는 어떤 역량이 요구될까?

첫째, 리더의 겉으로 드러난 니즈needs뿐만 아니라 숨어 있는 니즈까지 파악할 수 있어야 한다. 그리고 니즈를 파악했으면 즉각적으로 실행해야 한다. 시간이 경과하면 실행의 결과가 반감되기 때문이다.

둘째, 리더가 먼저 변화하기를 기대하지 말고 먼저 자기 자신이 변해야 한다. 우리는 자신은 변화하지 않으면서 항상 상대방이 변하기를 바라는 경우가 많다. 바람의 방향은 바꿀 수 없지만 돛단배의 돛은 바꿀 수 있다.

셋째, 변화에 도전하고 단기적인 목표뿐만 아니라 장기적인 비전까지 달성할 수 있도록 스스로에게 동기를 부여하며 이를 바탕으로 자신의 업무를 수행해야 한다. 또한 도전적인 목표 달성을 위해 힘겨운 싸움도 마다하지 않아야 한다.

넷째, 일에 대한 집중력과 직관이 뛰어나고 업무 수행에 필요한 자질과 역량을 두루 갖추고 있어야 한다. 자신의 역량을 개발하는 데 주저하지 않으며 새로운 것을 익히는 데 항상 힘을 쏟는다.

다섯째, 명확한 미션이 있어야 한다. 사명이란 자신을 관리하는 헌법과 같은 것이다. 사명이 없으면 마치 해류에 의존하는 뗏목을 타고 목적지도 없이 해상을 표류하는 것과 같다. 사명이 있으면 모터보트를 타고 목적지까지 가장 빠른 시간에 도착할 수 있다.


필자는 이 책을 통해 조직에서 최고의 인재가 되기 위해 리더로서, 그리고 팔로워로서 어떤 역할과 사명을 가지고 리더십과 팔로워십을 발휘하는 것이 개인과 조직의 성과 창출에 기여할 수 있는지에 대해 기술했다. 이 외에도 인간관계, 자기계발, 업무기술 등 성공적인 직장인이 되는 데 필요한 요소들을 집중 분석했다. 그리고 날마다 내적 동기부여를 통해 업무 의욕을 불러일으킬 수 있도록 이 글을 썼다.

아무쪼록 이 책이 리더로서 그리고 팔로워로서 양쪽 모두의 역할을 수행해야 하는 당신이 성공적인 직장 생활을 하는 데 튼튼한 초석이자 불씨가 되길 희망한다.

2019년 4월
박봉수

# 차례

**PART 2**

# 혼자서만 잘하는 리더는 없다

---

**PART 3**

# 관계는 결국 소통이다

PART 4

# 자기계발을 멈추는 순간 도태된다

PART 5

# 일 잘하는 기술은 따로 있다

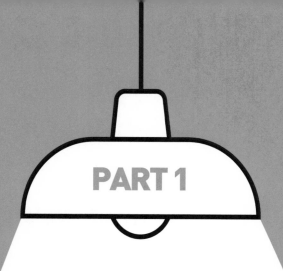

PART 1

팔로워는 어떻게
핵심 인재가 되는가

# 나는 어떤 유형의 팔로워인가?

팔로워의 유형에는 '모범형 팔로워', '소외형 팔로워', '수동형(의존형) 팔로워', '순응형 팔로워'가 있다. 각 유형의 특징들을 살펴보고 자신은 어떤 유형인지 체크해보자. 만약 자신이 전체 팔로워의 5~10%밖에 되지 않는 모범형 팔로워가 아니라면 말과 행동을 개선해야 한다.

### 모범형 팔로워의 특징

- 스스로 생각하고 알아서 행동한다.
- 독립심이 강하고 헌신적이며 독창적으로 업무를 수행한다.
- 건설적인 비판도 주저하지 않음으로써 리더의 힘을 강화시킨다.
- 조직을 위해서 자신의 재능을 유감없이 발휘한다.

- 솔선수범하고 주인의식이 있으며, 집단과 리더를 도와주고, 자신의 업무 외의 일도 기꺼이 수행한다.
- 다른 사람들도 배우고 따를 수 있는 역할과 가치관이 있다.
- 적극적인 성향은 경험이나 능력에서 기인하며, 조직 내 또는 다른 조직의 사람들과 상호작용할 기회가 증대되어 사고와 행동이 훨씬 더 발전할 수 있다.
- 전체 팔로워의 약 5~10%를 차지한다.

 강화방안

- 자신의 핵심 역량을 조직에 전파하려 노력한다.

## 소외형 팔로워의 특징

- 개성이 강하고, 조직에 대해 독립적·비판적인 의견을 내놓지만 역할 수행에는 소극적이다.
- 리더의 노력을 비판하면서도 스스로는 노력을 하지 않고 불만스러운 침묵으로 일관한다.
- 리더나 동료들을 경쟁자로 인식한다.
- 전체 팔로워의 약 15~20%를 차지한다.
- 충족되지 않는 기대나 신뢰의 결여 때문에 이러한 특징을 보인다.
- 사람들과의 관계에서 어려움을 보인다.

**개선방안**

- 독립적·비판적 사고는 유지하면서 부정적인 면을 극복하고 긍정적 인식을 회복하는 활동이 필요하다.
- 명확하고 구체적인 실행계획을 수립하고, 계획에 의거해 업무를 수행한다.
- 리더와의 효과적인 커뮤니케이션 방법을 모색한다.
- 리더와 동료들을 경쟁자가 아닌 파트너로 인식하는 사고의 전환이 필요하다.

## 수동형(의존형) 팔로워의 특징

- 의존적이고 비판적이지 않으며 열심히 참여하지도 않는다.
- 스스로 일을 찾아서 하지 않으며 함께 일할 파트너가 없으면 매우 수동적이다.
- 책임감이 결여되어 있고 솔선수범하지 않는다. 명령이나 지시가 없으면 업무 수행에 소극적이며, 주어진 업무 이상의 일은 절대 하지 않는다.
- 전체 팔로워의 약 5~10%를 차지한다.

 **개선방안**

- 팔로워의 진정한 의미를 다시 배우고, 모든 일에 적극적으로 참여하는 방법을 익힌다.

- 스스로 문제의식을 갖고 다양한 관점에서 사물을 인식하고 판단하려 노력한다.
- 이해관계자들의 말을 적극적으로 경청하고, 이를 실행하기 위한 실행계획서를 작성해 절차에 따라 체계적으로 업무를 수행한다.
- 업무 수행의 결과는 궁극적으로는 승진이지만, 구조조정 등 개인의 문제에도 영향을 미칠 수 있다는 것을 깊이 인식하는 자세가 필요하다.

## 순응형 팔로워의 특징

- 독립적·비판적인 사고는 부족하지만 열심히 자신의 역할을 수행한다.
- 자주적으로 업무를 계획해 수행하지 않으며, 리더의 명령과 판단에 지나치게 의존하는 '예스맨' 유형이다.
- 전체 팔로워의 약 20~30%를 차지한다.

 개선방안

- 모범형 팔로워가 되기 위해서는 독립적이고 비판적인 사고를 높여야 한다.
- 자신의 견해에 대해 자신감을 기르고, 조직이 자신의 견해를 필요로 함을 깨우쳐야 한다.
- 프로젝트 리더 등을 자원해본다.

- 타인을 지나치게 배려하는 자세를 바꿀 필요가 있다.
- 순응하는 태도가 당장은 갈등을 발생시키지 않지만, 결코 조직에서 예스맨에게 리더의 역할을 맡기지 않는다는 것을 깨달을 필요가 있다.

만일 자신이 모범형 팔로워가 아니라면 유형별 개선방안에 따라 변화를 도모해야 한다. 또한 리더 입장이라면 함께 일을 하는 파트너의 유형을 잘 파악하고, 이들이 모범형 팔로워가 될 수 있도록 코칭해야 한다.

 **한 줄 트레이닝**

**모범형 팔로워를 문제형 팔로워로 만드는 리더의 말**
① 당신 그것밖에 못해?
② 당신을 믿고 일을 시킨 내가 바보다.
③ 당신 요즘 도대체 뭘 하고 있는 거야?

# 혼자만의 성장은
# 약이 아니라 독이다

동료는 경쟁자이자 파트너로서 중요한 위치에 있다. 여기서 경쟁자는 긍정적 의미의 경쟁자다. 어떤 조직에서든 경쟁자가 있어야 그 조직과 구성원들이 성장한다.

이탈리아의 화가 레오나르도 다 빈치는 밀라노로 이주해 〈최후의 만찬〉 등의 걸작을 남기며 최고의 경지에 오른 뒤 다시 피렌체로 돌아온다. 그 후 다 빈치는 미술보다 지질학과 해부학에 더욱 몰두한다. 이때 미켈란젤로도 피렌체에 오게 되는데 다 빈치는 풋내기 미켈란젤로에게 별다른 관심을 두지 않았다. 그러나 미켈란젤로가 추기경으로부터 시에나 대성당의 장식을 의뢰받는 등 작품 의뢰가 쇄도하고 예술가로서 최고의 반열에 오르자 이러한 사실이 다 빈치를 자극했다.

이때 다 빈치의 자존심을 건드린 사건이 발생한다. 무명작가가 만들다 완성하지 못한 5m짜리 대리석 조각을 예술품으로 완성시킬 작가 후보로 자신과 미켈란젤로가 오르는데, 당연히 자신에게 의뢰가 올 것이라고 생각했던 다 빈치의 예상과는 달리 미켈란젤로가 낙점된 것이다. 이후 이들의 경쟁의식은 날로 격화되어 붓을 놓았던 다 빈치는 다시 붓을 들게 되었고 이 시기에 탄생한 걸작이 바로 〈모나리자〉다. 다 빈치에게 미켈란젤로라는 경쟁자가 없었다면 〈모나리자〉는 탄생하지 않았을 것이다. 이처럼 경쟁은 자신을 성장시키는 훌륭한 자극제가 된다.

KLCC<sup>Kuala Lumpur City Center</sup>는 말레이시아 쿠알라룸푸르의 랜드마크인 쌍둥이 빌딩을 말한다. KLCC를 발주한 시행사의 과제는 최소한의 비용을 들여 빌딩을 건축하는 것이었다. 비용을 줄이기 위해서는 공사기간을 단축해야 했는데 별다른 묘안이 없었다. 그때 한 기획자가 이런 제안을 한다.

"한국과 일본에는 우수한 건설회사가 많고 양국 사이에는 민족적 감정이 존재합니다. 따라서 이러한 민족적 감정을 이용하면 공사기간을 단축할 수 있지 않을까요?"

그들의 예상은 적중했다. 빌딩의 한 동은 일본의 건설사, 나머지 한 동은 한국의 건설사가 맡았다. 시행사는 양국의 경쟁의식을 이용해 공사기간을 획기적으로 단축했다. 두 건설사는 경쟁자이자 훌륭한 파트너가 된 셈이다.

리더십 전문가 존 맥스웰 박사는 동료와 함께 성장하기 위한 조건을 다음과 같이 제시했다.

첫째, 신뢰하라. 동료들의 성장을 돕고 싶다면 당신이 앞장서야 한다. 물러나 있어서는 안 된다. 이렇게 자문해보라. "저 팀원의 특별하고 고유한 점이 뭘까?" 그런 후 찾아낸 점을 당사자를 비롯한 다른 동료들과 나누어라. 동료들을 신뢰하고 긍정적으로 평가하며 격려한다면 그들은 자신이 생각했던 것 이상으로 훌륭하게 발전할 것이다.

둘째, 도와라. 당신이 베풀 수 있는 가장 값진 도움은 다른 사람들이 자신의 잠재력을 발휘하도록 하는 것이다. 가정에서는 당신의 배우자를 도와라. 언제 어떤 방법으로든 도와주어라. 직장에서는 동료가 돋보일 수 있게 동료를 칭찬하고 격려하라. 가능한 한 팀의 성공을 다른 팀원의 공으로 돌려라.

셋째, 가치를 높여라. 누구나 자신을 발전시키는 이를 가까이 하고 자신의 가치를 떨어뜨리는 이는 멀리한다. 사람들에게 그들이 가진 장점을 알려주고 발전시키는 데 전념하게 함으로써 그들을 성장시킬 수 있다. 하지만 분명히 기억하라. 사람들을 자신의 재능지대에 머물되 안전지대에서 벗어나도록 격려하고 자극하라. 그들의 능력과 전혀 상관없는 분야에서 억지로 일하게 한다면 당신은 그들을 좌절시킬 뿐이다.

넷째, 칭찬하고 격려하라. 칭찬과 인정보다 확실한 동기부여는 없다. 작은 칭찬일지라도 동료에 대한 적극적인 칭찬은 그에게 동기부여가 될 것이다. 그는 끊임없이 연구하고 아이디어를 도출하며 일할 것이다. 반면 비난과 비판은 그를 낙담하게 하고 아무에게도 도움을 주지 않을 것이다. 칭찬을 통해 항상 동료를 주인공으로 만들어주어라.

다섯째, 상대를 파트너로 대하라. 동료는 경쟁자이지 약탈자가 아니다. 경쟁자는 서로 자극해 함께 성장하는 동반자지만 약탈자는 동료의 보상을 빼앗아가는 도둑이다. 동료를 함께 성장해가는 파트너로 대해야 한다. 그래야 상생할 수 있다.

여섯째, 공을 동료에게 돌려라. 함께하는 일에 성과가 있으면 그 공을 동료에게 돌려라. 만약 성과가 없는 실패라면 그 책임은 자신이 져라. 자신도 성공하고 동료도 성공하는 길이다. 모든 성장은 파트너인 동료와 함께해야 한다. 그래야 좋은 열매를 함께 수확할 수 있다.

## 한 줄 트레이닝

동료의 장단점을 적어보고 함께 성장할 수 있는 방법을 고민해보자.

| 이름 | 장점 | 단점 | 성장 방법 |
|------|------|------|-----------|
|      |      |      |           |
|      |      |      |           |

# 모범을 보여야
# 신뢰를 얻을 수 있다

'모범'의 사전적 의미는 '본받아 배울 만한 대상'이다. 타인에게 모범이 되어야 한다고 하면 거창한 것을 생각하기 쉬우나 그렇지 않다. 작게는 정리, 정돈, 청소, 청결, 습관화 등 5가지 활동을 하는 것부터 역량개발을 위해 책을 읽거나 온라인 교육을 듣고 외국어를 배우는 등 타인이 본받아 배울 만한 것이 모두 해당된다.

그런데 왜 사람들은 모범이 되는 일을 잘 하지 않는 것일까? 그것은 개인의 비전이나 자신이 속해 있는 조직의 비전이 불명확하고, 스스로도 자발적 동기부여가 미흡하기 때문이다.

뛰어난 사람들은 서로 어울리지 않을 것 같은 2가지 특성을 동시에 보여준다. 그들은 높은 비전을 가지고 있으면서도 대단히 현실적이다. 즉 높은 비전을 가지고 있음과 동시에 모든 것을 행동으로 보여준다는 것이다.

하버드 대학 졸업생을 대상으로 한 종단연구에 따르면 비전이 명확하고 이를 모범적으로 실천한 사람만이 20년 후에도 건강하고 행복한 삶을 살고 있었다고 한다. 이를 보면 비전이 모범을 발휘하는 데 얼마나 중요한지를 알 수 있다. 모든 직장인은 팔로워에게는 리더십을 발휘하고 리더에게는 팔로워십을 발휘해야 하는 위치이기 때문에 더욱 모범을 보여야 한다.

모든 조직 구성원들은 솔선수범해 비전과 일치하는 행동을 보여주어야 한다. 그래야 개인과 조직에 활력이 생기며 높은 성과로 연결된다. 그렇다면 모범이 되기 위해 직장인들은 어떤 마음가짐과 행동을 갖추어야 할까?

첫째, 편법을 쓰지 말고 법과 규율을 준수하며 행동으로 보여주어야 한다. 절대 이 사실을 잊지 말자. 만약 당신이 편법을 쓰면 주변 구성원들도 편법을 쓰기 마련이다. 사람들은 자신이 본 그대로 따라 행동하기 때문이다. 법과 규율을 준수해야 리더와 팔로워도 당신을 신뢰한다.

콜린 파월 미국 전 국무장관은 "아무리 명령하고 지시하고 독려해도 리더 스스로 규율을 준수하며 최선을 다해서 행동으로 옮기지 않으면 병사들은 리더를 따르지 않는다. 자신이 믿는 것을 행동으로 보여주는 것보다 좋은 방법은 이 세상에 없다"라고 말했다.

둘째, 자기 자신이 먼저 변해야 한다. 환경은 매우 빠르게 변화하고 있다. 곤충은 여러 단계의 변태과정을 거쳐 환경 변화에 대응하며 살아간다. 이처럼 변화를 미리 예측하고 대응방안을 모색하며 이를 스스로 실천해가는 변화 혁신자가 되어야 한다. 자신이 먼저 변화하지 않고서는 타인을 결코 변화시킬 수 없다는 것을 명심하자.

만일 당신이 리더의 입장이라면 자신뿐만 아니라 조직 구성원들의 변화까지 책임져야 할 것이다. 리더가 가장 먼저 이끌어야 할 대상은 바로 리더 자신이다. 가장 먼저 변화시켜야 할 사람도 리더 자신이다. 자신에 대한 기대 수준은 구성원들이 리더에게 기대하는 것보다 훨씬 높아야 한다. 신뢰받는 리더가 되고 그 신뢰를 계속 유지하려면 가장 혁신적이고 가장 열정적이어야 하며 가장 열심히, 그리고 끊임없이 변해야 한다.

물론 변화라는 것은 결코 쉬운 일이 아니다. 저절로 되는 일도 아니다. 그러나 반드시 해야 하는 일이다. 리더가 솔선수범해 변하지 않으면 구성원들은 우왕좌왕하고 혼란스러워한다. 먼저 자신을 변화시켜 수준을 높이는 것을 1차 목표로 생각하고 노력하면 구성원은 그것을 보고 리더를 따르게 될 것이다.

셋째, 올바른 가치관을 가져야 한다. 구성원들이 당신에게 바라는 모습은 가치관과 행동이 일치하는 것이다. 구성원들은 자신들의 앞에서 이끌어주는 모범적 리더십과 리더를 적극적으로 서포팅해주는 협력적 팔로워십을 원한다.

리더십과 팔로워십은 '배우는 것'이다. 그렇다면 리더십은 어떻게 배우는 것일까? 뛰어난 가치관을 가진 사람이 어떻게 행동하는지를 유심히 지켜보면 된다. 훌륭한 리더와 팔로워들은 대부분 뛰어난 리더를 보면서 성장하는 경우가 많다.

노벨평화상을 수상한 알베르트 슈바이처 박사는 "모범이 되는 것이 리더십이며 팔로워십이다"라고 했다. 올바른 직장인의 모습은 자신의 미래뿐만 아니라 구성원 개인과 조직의 성과에 영향을 미친다. 항상 타인에게 모범이 되는 자세로 올바른 가치관에 따라 행동하라. 그것이 진정한 직장인의 모습이다.

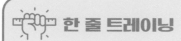 **한 줄 트레이닝**

**모범적인 직장인의 자세**
① 궂은일도 먼저 나서서 실천한다.
② 문제가 생기더라도 무조건 타인을 비난하지 않는다.
③ 어떤 일이든 내가 먼저 한다는 자세를 가진다.

# 남을 앞서는
# 탁월함이 있어야 한다

요즘 같은 무한 경쟁 사회에서 살아남으려면 어떻게 해야 할까? 『리틀 빅 씽』의 저자 톰 피터스는 경쟁자와 차별화되는 탁월함이 있어야 한다고 말한다. 엑설런스excellence는 이 탁월함을 의미한다.

엑설런스를 갖추면 누구나 성공할 수 있다. 다만 다음의 명제가 성립해야 한다. 첫째, 엑설런스를 갖춘 사람이 소수여야 한다. 즉 경쟁자가 많지 않아야 한다는 뜻이다. 둘째, 아무도 해낼 수 없는 자신만이 할 수 있는 것이어야 한다. 즉 같은 역량을 가진 사람이 많지 않아야 한다. 셋째, 클라이언트에게 성공을 가져다주는 것이어야 한다. 즉 고객에게 도움이 되어야 한다. 이와 같은 3가지 명제를 충족해야만 탁월하다고 할 수 있다.

그렇다면 어떻게 엑설런스를 자신의 생활로 만들 수 있을까? 자신에게 탁월한 부분이 없다면 어떻게 해야 할까?

- 그 분야의 경쟁자를 살펴보고 그들의 방식을 알아보라.
- 남들이 하지 않는 분야에 대한 연구를 지속적으로 하라.
- 자신만이 가지고 있는 역량으로 액션 플랜 action plan 을 수립하라.
- 똑똑함을 믿기보다 섬세하게 행동하라.
- 안전함을 추구하기보다 리스크에 도전하라.
- 안전지대를 과감하게 벗어나라.
- 현실을 넘어 이상을 꿈꿔라.
- 도전적인 목표를 설정하고 실행하라.

톰 피터스는 엑설런스의 위력에 대해 이렇게 이야기했다.

- 엑설런스는 놀라운 결과를 가져온다.
- 엑설런스는 놀라운 용기를 준다.
- 엑설런스는 스스로 분발하게 한다.
- 엑설런스는 추운 겨울 침대 속에서조차 벌떡 일어나게 만든다.
- 엑설런스는 자신을 건전하게 만든다.
- 엑설런스는 다른 사람을 돕는 역할을 한다.
- 엑설런스는 짜증나는 날에도 사기를 북돋아준다.
- 엑설런스는 비즈니스에서 필수조건이다. 엑설런스는 장·단기적으로 고객에게 영향력을 발휘해 수익을 창출해줄 수 있는 힘을 발휘한다.

그렇다면 엑설런스에 도달하는 데 얼마의 시간이 걸릴까? IBM의 신화를 만든 창업자 토머스 왓슨은 단 1분 만에 엑설런스에 도달할 수 있다고 말한다. 어떻게 그럴 수 있을까? 왓슨은 이렇게 말했다.

"다른 사람을 앞서지 못하는 탁월하지 않은 행동과 판단을 하지 않겠다고 당장 스스로에게 약속함으로써 가능하다."

즉 탁월하지 않다는 것을 알면서도 이를 계속 밀고 나가서는 안 된다는 이야기다. 탁월한 결과를 낳지 못했을 때 왜 그러지 못했는지 항상 원인을 파악하고 이를 개선하기 위한 방안을 모색해야 한다. 엑설런스는 매 순간 추구하는 것이다. 지금 바로 생각을 바꿔 엑설런스를 추구하라.

누구나 인생에 시련은 있게 마련이다. 특히 현재와 같은 무한 경쟁 시대는 우리를 편법의 유혹에 빠뜨리기도 한다. 일을 쉽게 처리하려고 규정이나 절차, 원칙 등을 무시하거나 로비의 유혹에 빠지는 경우도 많다. 이때 엑설런스를 떠올려보라. 자신이 맡은 일에 엑설런스가 있었는지를 말이다.

고난에 빠지면 사기가 저하되고 활기를 잃는다. 어려운 때일수록 리더십을 발휘하기란 더욱 어렵다. 이럴 때 엑설런스를 생각하라. 위기 상황은 자신과 팀에게 마지막 시험대라는 것을 알아야 한다. 따라서 위기에서 벗어나 인정받으려면 그 어떤 때보다 엑설런스에 대한 열망을 높여야 한다. 그리고 이때 엑설런스가 더욱 빛을 발휘한다.

엑설런스는 자동차의 엔진과 같다. 자동차의 핵심기능은 얼마나 빨리 가속할 수 있느냐에 달려 있고, 엔진의 성능에 따라 가속 여부가 결정된다. 엔진은 자동차의 성능을 가늠하는 척도이자 엑설런스다. 여러분 각자가 바로 조직의 엑설런스가 되어야 한다. 그래야 개인과 조직의 성능을 향상시킬 수 있다.

엑설런스를 추구하는 것을 포기한 개인과 조직의 운명은 언제든지 나락으로 떨어질 수 있다는 것을 명심하고, 엑설런스를 구현하기 위해 부단한 노력을 해야 한다. 이것이 바로 속도전에서 살아남는 유일한 방법이다.

 **한 줄 트레이닝**

안전지대를 과감하게 벗어나기 위한 행동지침
① 두려움을 갖지 않는다.
② 주위의 시선을 의식하지 않는다.
③ 주위의 저항을 과감하게 뿌리친다.

# 조직의 중추 역할을 하는
# 핵심 인재가 되라

'커넥팅 로드connecting rod'는 증기기관·내연기관 등에서 피스톤과 크랭크축을 연결하고, 피스톤의 움직임(동력)을 크랭크에 전달하는 봉을 가리킨다. 비록 작고 보잘것없는 부품이지만 커넥팅 로드가 없으면 내연기관은 작동할 수 없다. 그만큼 커넥팅 로드는 내연기관의 핵심 요소다.

우리는 조직에서 한 개의 단순한 소모품이 아닌 중추적인 역할을 하는 커넥팅 로드의 역할을 해야 한다. 커넥팅 로드는 다양한 시스템에서 사람과 사람, 조직과 조직, 요소와 요소를 연결해주는 중요한 존재다. 커넥팅 로드가 없으면 조직은 흔들리고 모든 일이 엉망이 되어버린다.

조직에서 그 일을 대신해줄 수 있는 사람이 있을까? 반복적이고 일상적인 일을 대신할 수 있는 사람은 얼마든지 존재한다. 그러나 조직 내에서 가장 핵심적인 사람의 일은 어느 누구도 대신할 수 없다. 그렇기 때문에 핵심 인물이 빠져나가는 순간 조직은 매우 위험한 상황에 처하게 된다.

조직은 커넥팅 로드를 중심으로 운영될 수밖에 없다. 조직 구성원 하나하나를 연결해주고 잡아주는 역할을 하기 때문이다. 커넥팅 로드는 최선의 노력을 기울여야 쟁취할 수 있는 역할이다. 커넥팅 로드가 되고 나면 그럴 만한 가치가 있었다는 것을 깨닫게 될 것이다.

상황을 정확하게 판단하고 다양한 의사결정에 대한 잠재적 결과를 예측할 수 있는 직원을 가진 조직을 상상해보라. 그리고 이 직원이 조직 내에서 어떤 일이든 할 수 있는 사람이라고 생각해보라. 그를 해고해도 되겠다고 생각할 수 있을까? 상상도 할 수 없는 일이다. 조직에는 이런 사람이 반드시 필요하다. 그는 조직에 영향력을 미치는 리더이자 마케터이자 세일즈맨이자 핵심 인재다.

엄격하게 기계화된 공장에서는 일반 직원이나 탁월한 능력이 있는 직원이나 실적에 거의 차이가 없다. 아주 뛰어난 사람이 일반 직원에 비해 많아야 20% 정도 높은 생산성을 가질 뿐이다. 그러나 아이디어를 자유롭게 도출하고 수렴하는 조직에서는 그렇지 않다. 애플은 다른 경쟁기업에 비해 매출액 대비 영업 이익률이 매우 높다. 왜 그럴까? 다양한 디자인이나 아이디어가 매우 중시되는 조직이기 때문이다.

아이팟과 아이폰, 아이패드 등 애플에서 출시한 히트작의 디자인을 주도한 조너선 아이브 산업디자인 부문 부사장은 생전의 스티브 잡스 애플 CEO와 호흡을 맞추며 애플의 디자인 혁명을 이끈 사람이다. 아이브는 보통 사람보다 수백, 수천 배의 더 높은 가치를 창출했다. 그 결과 평범한 디자이너를 고용해 평범한 결과물을 얻어내는 보통의 기업들과 애플의 주가와 수익을 비교해보면 상대조차 되지 않을 정도로 애플이 탁월하다는 것을 알 수 있다. 이는 애플이 경쟁 기업에 비해 커넥팅 로드를 많이 보유하고 있기 때문이다.

당신이 조직의 커넥팅 로드가 되고 싶다면 다음 사항을 명심해야 한다.

첫째, 기업의 전략을 잘 이해하고 있어야 한다. 전략이란 자신의 역량을 활용해 외부환경으로부터 주어지는 사업 기회를 적시에 포착하는 전략적 활동을 말한다. 전략 없이 업무를 수행하는 사람은 목적지도 없이 항해하는 사람과 같다.

둘째, 지식의 깊이가 깊어야 할 뿐만 아니라 지식의 폭도 넓어야 한다. 한 분야를 깊이 아는 것만으로는 전체를 보는 시야를 가질 수 없다. 지식의 폭이 넓어야 전체적인 관점에서 사물을 판단하고 설계할 수 있다. 나무를 보는 능력과 숲을 보는 능력을 모두 확보해야 한다는 뜻이다.

셋째, 확실한 플랫폼 몇 개는 가지고 있어야 한다. 플랫폼이란 고객의 니즈에 따라 변하지 않는 기본적인 요소를 말한다. 예를 들어 자동차의 차체$^{frame}$와 같은 것이다. 플랫폼을 잘 활용하면 고객의 요구에 능동적으로 대응할 수 있다. 탁월한 기획능력 등이 자신만의 고유한 플랫폼에 해당된다. 이러한 능력이 있다면 마이콤 기술전략 수립뿐만 아니라 마이크로프로세서 기술전략, 마케팅 전략 등을 수립하고 설명하는 데 탁월한 역량을 발휘할 수 있다. 만약 당신이 몇 개의 플랫폼을 가지고 있다면 매우 훌륭한 커넥팅 로드로서 삶을 성공적으로 이끌어갈 수 있다.

넷째, 사람들과 상호작용을 잘해야 한다. 커넥팅 로드가 제 역할을 잘하지 못하면 내연기관은 상호작용을 하지 못하고 고장이 나거나 동작을 멈추게 된다. 따라서 상호작용을 잘하기 위해선 수직적 커뮤니케이션뿐만 아니라 수평적 커뮤니케이션 능력도 탁월해야 한다.

다섯째, 갈등을 잘 조정하는 조정자가 되어야 한다. 조직에서는 항상 의견이 상충하게 마련이고 이로 인해 갈등도 발생한다. 갈등은 역기능만 있는 것이 아니라 개인과 조직을 발전시키는 순기능도 있다. 이때 갈등이 순기능이 되도록 균형 있는 조정자 역할을 해야 한다.

당신이 조직에서 사람들에게 존중받으려면 커넥팅 로드가 되어야 한다. 커넥팅 로드가 되는 일은 어렵지 않다. 자신과 조직에 대한 관심과 조금의 노력만 더하면 가능한 일이다.

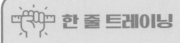 **한 줄 트레이닝**

조직 내에서 발생하는 갈등에 대해 생각해보고 해결방안을 도출해보자.

| 갈등의 종류 | 갈등의 원인 | 해결방법 |
| --- | --- | --- |
|  |  |  |
|  |  |  |

# 역량 목록

## 커넥팅 로드가 되기 위한
## 역량 목록을 만들어라

대부분의 사람들은 조직의 관점이나 전략 실행의 관점에서 보면 자신이 매우 유용하게 쓰일 수 있는 재목이라는 것을 종종 잊어버리곤 한다. 특히 역량만 조금 더 확보한다면 뛰어난 커넥팅 로드가 될 수 있는데도 이를 간과하는 경우가 많다. 따라서 자신을 어느 조직에서든 꼭 필요한 사람으로 만들려면 다음과 같이 역량 목록을 만들고 이 역량을 확보하기 위해 노력해야 한다.

첫째, 수평적·수직적 의사소통을 원활히 하라. 소통은 문제를 해결하는 통로이자 사람과 사람 사이를 잇는 연결고리다. 조직에서 발생하는 대부분의 문제는 의사소통이 원활하지 않은 데서 비롯된다. 말하는 사람을 송신자, 듣는 사람을 수신자라고 한다. 그러면 사람들의 의사소통률은 얼마나 될까? 유감스럽게도 36%밖에 되지 않는다. 송신자도 자기가 의도한 바를 상대에게 60% 정도밖에 표현하지 못하고, 수신자도 상대의 이야기를 60% 정도밖에 이해하지 못하기 때문이다. 당신도 상대의 이야기가 어떤 의미인지 모르고 상대가 무안해할까 봐 '동의했다' 또는 '알아들었다'라고 고개를 끄덕인 적이 있지 않은가? 또한 중요한 프레젠테이션을 하고 퇴근하는 길에 생각해보니 "이건 이렇게 말할 걸", "저렇게 말하면 좋았을 걸" 하며 후회하는 경우도 자주 발생한다. 이런 이유로 상호 의사소통률은 일반적으로 36%밖에 되지 않는다. 상호 의사소통률을 높이려면 상대의 이야기를 적극적으로 경청하고 제스처를 잘 활용하며 맞장구도 잘 쳐주어야 한다. 그래야 수직적·수평적 의사소통을 원활히 할수 있다.

둘째, 창의성을 발휘하라. 창의란 과거에 습득한 지식과 지혜를 해체하거나 결합해 새로운 것을 만들어내는 과정이다. 자기만의 창의성을 갖기 위해서는 전문지식과 호기심, 일에 대한 열정이 기본이다. 하지만 이것은 매우 어려운 일이다. 사람들은 일반적으로 독창적이고 새로운 아이디어에 대해서는 일단 거부반응을 보이는 특징이 있기 때문이다. 그래도 이러한 주위의 저항이나 시선을 의식하지 않고 자기만의 독창적인 아이디어를 제시하면서 업무를 수행해야 한다. 그래야만 남과 다른 성과를 도출할 수 있다.

셋째, 고객과 좋은 관계를 맺고 유지하라. 시장이 세분화되고 대중이 분산됨에 따라 고객들은 과거보다 관계를 더 중시한다. 간단하게 말해 자신이 따를 사람을 찾으며 무엇이든 함께하려고 한다. 전통적인 시장은 기업이 제품을 정의하고 가격을 결정하며, 기업이 만들고 싶은 제품을 만들어 고객과 거래를 했다. 그렇기 때문에 기업과 고객 사이의 소통은 매우 일방적이었다. 그러나 오늘날의 시장 환경은 변했다. 기업과 고객이 상호 유기적으로 소통하고, 고객의 니즈에 맞는 제품을 고객이 지불하고자 하는 가격에 맞추어 제품을 생산해 공급하지 않으면 거래가 어려워졌다. 고객과 상호작용을 하고 좋은 관계를 맺어 고객을 효과적으로 이끌어야 시장에서 성공할 수 있다.

넷째, 지혜를 잘 발휘하라. 커넥팅 로드가 되려면 전문지식뿐만 아니라 다양한 분야의 폭넓은 지식이 필요하다. 여기에 '지혜'도 필요하다. 지혜란 사물의 이치를 잘 이해하고 깨닫는 것을 의미하며, 지식과 결합할 때 시너지 효과를 발휘한다. 만일 당신이 "영리하긴 한데 지혜롭지 못해"라는 말을 자주 듣는다면 이는 지혜가 부족하다는 이야기다. 세상사뿐만 아니라 경영도 어느 것 하나로만 구성되어 있지 않고 다양한 것들이 결합되어 복잡한 상황을 연출하는 경우가 많다. 따라서 지식만으로는 이러한 다양한 상황에서 발생하는 여러 가지 문제를 해결할 수 없다. 지식에 반드시 지혜가 결합되어야 이러한 문제들을 해결할 수 있다.

다섯째, 누구에게나 겸손하라. 일부 사람들은 자신의 능력이 향상되거나 높은 성과를 내면 자신의 역량에 대해 자랑하고 우쭐대는 경향이 있다. 그러나 매사에 겸손해야 한다. 사람들은 뛰어난 역량이 있으면서도 자기를 낮출 줄 아는 사람을 좋아한다. 겸손은 불가피하게 계획에 따라 일이 진척되지 않는 상황을 해결해주는 역할도

한다. 거만함이 아닌 겸손함으로 문제에 접근하게 되면 다른 사람들의 도움을 받아 손쉽게 문제를 해결할 수도 있다. 겸손은 미덕이자 문제 해결의 근원이다.

여섯째, 고정관념을 타파하라. 사람은 태생적으로 과거에 습득한 행동양식을 현재와 미래에도 답습하려는 경향이 있다. 이것을 고정관념 또는 편견이라고 한다. 커넥팅 로드가 되려면 창조적 아이디어 발상이 필요한데, 이를 위해서 선행되어야 하는 것이 고정관념을 타파하는 일이다.

 **한 줄 트레이닝**

창의적인 사람이 되기 위한 조건
① 사물을 다양한 관점에서 바라보고 생각하라.
② 나누어보고 결합해보라.
③ 다른 사람의 의견을 수렴하는 태도를 가져라.

# 촉매제

# 조직의 불씨이자
# 촉매제가 되어야 한다

불은 저절로 피어오르지 않는다. 큰불도 작은 불씨에서 촉발된다. 조직을 활성화하는 데도 작은 불씨와 같은 촉매자가 필요하다. 자체적인 힘만으로 자연스럽게 성장하고 발전하는 개인이나 조직은 없다. 촉매자가 없는 팀은 엔진이 망가져가는 자동차처럼 서서히 속도가 줄어들고 급기야는 정지하고 만다.

성공하는 조직이 되기 위해서는 불을 지피는 촉매 역할을 하는 촉매자가 필요하다. 대표적인 촉매자로 축구선수 박지성을 들 수 있다. 그는 한국을 대표하는 축구선수들 중 한 명이었다. 하지만 맨체스터 유나이티드 FC에서 뛰기 전까지 많은 역경을 겪어야 했다. 네덜란드에서 선수생활을 할 때는 관중들의 비아냥거림과 야유, 조롱을 견뎌내야만 했다.

사람들이 박지성을 좋아하는 이유는 그의 끊임없는 노력뿐만 아니라 이타적인 행동 덕분이기도 하다. 많은 축구선수들이 자신들의 명예나 부를 위해 경기 도중 종종 이기적인 모습을 보이기도 한다. 그러나 박지성은 그들과는 다른 모습을 보여주었다. 박지성은 개인 플레이보다는 팀플레이를 우선시하며 자신이 슛을 넣는 것보다는 동료에게 적절하게 도움을 주는 촉매자의 역할을 자처했다. 박지성은 '골을 많이 넣는다', '수비를 잘한다'라는 소리를 듣는 선수는 아니다. 오히려 미리 공을 차단하고 패스하는 촉매자 역할을 잘한 선수였다.

조직에서 촉매 역할을 잘하는 사람들은 팀원들에게 동기를 부여하며 집중력과 열정을 불러일으킨다. 자기 일에 최선을 다하고 즐기며 여기에서 행복을 느낀다. 또한 팀원들을 분발시키고 중요한 성과를 이끌어내도록 한 단계 성장시키는 일이라면 무엇이든지 한다.

촉매자가 이러한 일을 지속적으로 수행할 때 팀원들은 스스로에 대한 기대와 자신감을 가지고 훌륭하게 성장하며 마침내 놀랄 만한 성과를 이끌어낸다. 훌륭한 성과를 이끌어내는 팀에는 반드시 동기를 부여하고 일에 대한 즐거움과 꿈과 비전을 불어넣는 촉매자가 있다. 누군가가 팀에 지대한 공헌을 했거나 팀의 성과를 높였을 때 우리는 그가 촉매자였다는 사실을 곧 깨닫는다. 자신과 더불어 팀원들까지 높은 역량으로 발전시키는 사람들도 있다.

그러면 촉매자 역할을 잘하는 사람들에겐 어떤 특징이 있을까? 그들은 다음과 같은 특징을 보인다.

첫째, 많은 사람들과 잘 소통한다. 어떻게 하면 용이하게 서로의 문제를 이끌어내고 해결방안을 도출할 수 있는지 소통방법을 잘 알고 있으며, 팀의 활동을 촉진하기 위해 소통한다. 또한 그들은 조직이 침체되었을 때 어떻게 말해야 조직에 활력을 불어넣을 수 있을지 끊임없이 연구하고 팀을 격려한다. 그들은 팀원들의 의사소통 방식과 행동의 차이 등을 이해해 그에 맞는 적절한 의사소통 방식을 선택하고 소통하는 방법을 알고 있다.

둘째, 항상 도전적이다. 항상 새로운 것을 찾아 이를 성과와 연결하는 도전정신이 있다. 보통 사람들이 꺼리는 일도 이들은 기꺼이 그 역할을 맡아 최선을 다한다. 보통 사람들은 장벽을 장애물로 생각하나 이들은 성공을 위한 징검다리로 생각한다. 그들은 안전지대를 벗어나 블루오션을 창출하고 성과를 낸다.

셋째, 매우 창의적이다. 기존의 틀을 과감히 벗어던지고 새로운 관점에서 다양한 아이디어를 낸다. 때론 독특한 생각으로 이단아 취급을 받기도 하지만 궁극적으로는 창의적 아이디어를 도출하고 이를 성공시킴으로써 박수갈채를 받는다. 그들은 또한 기존의 것들을 잘 결합시켜 새로운 상품이나 방법을 고안해낸다.

넷째, 매우 열정적이다. 그들은 자신이 하고 있는 일에 대한 자긍심이 있으며 자신에게 끊임없이 자극을 주고, 이 자극을 긍정적인 반응으로 승화시킨다. 촉매자는 자신을 열정적인 사람으로 만들어가는 데 온 힘을 기울인다.

다섯째, 실천적이다. 계획은 거창한데 실행이 없는 사람이 많다. 계획은 실행 없이 결코 결과나 성과로 연결될 수 없다. 촉매자는 액션 플랜을 구체적으로 수립하며 이 실천계획에 따라 실행하고 팔로 우업<sup></sup>follow-up; 후속 작업하는 특징이 있다.

여섯째, 매우 관대하다. 촉매자는 팀을 위해서는 자신의 시간이나 능력을 기꺼이 기부한다. 그들은 사람이라면 누구나 실수를 한다는 것을 알기에 구성원들의 실수를 인정하고, 타인의 실수에 대해서도 함께 책임을 지려고 하는 특성이 있다.

일곱째, 영향력이 있다. 촉매자는 보통 사람들이 할 수 없는 방식으로 팀을 이끈다. 다른 사람들의 이야기엔 별 반응을 보이지 않는 동료들도 촉매자의 이야기에는 귀를 기울인다. 뛰어난 재능을 지녔지만 리더십을 그다지 발휘하지 못하는 사람은 자신의 전문 분야에서만 촉매 역할을 한다. 하지만 영향력이 큰 사람은 자기 분야 밖에서도 영향력을 발휘한다.

한 줄 트레이닝

자신이 촉매자 역할을 한 사례와 그때 성과에 미친 영향이 어땠는지 생각해보자.

| 사례 | 결과 |
| --- | --- |
|  |  |
|  |  |

# 역할

## 자신의 역량을 가장 잘 발휘할 수 있는 곳에 있어라

상대를 방어하는 풀백에 재능이 있지만 풀백이 아닌 팀의 공수전환 역할을 하는 미드필더를 맡고 있는 축구선수, 실습이 필요한 공작기계 프로그램 수업에서 이론만 가르치는 공업학교 교사, 그림에 소질이 있는데 기타를 쳐야 하는 음악가 등 누구나 한번쯤은 자신에게 어울리지 않는 일을 하고 있다고 느낀 적이 있을 것이다.

조직에 자신의 역할이 부적절하다고 느끼는 사람이 배치되어 일을 하고 있다면 어떤 일이 일어날까? 우선 본인뿐만 아니라 팀의 역량이 제대로 발휘되지 않기 때문에 팀의 성과가 떨어지고 불만의 소리가 나오기 시작한다. 자신과 어울리지 않는 일을 맡은 사람은 일이 익숙하지 않을 뿐만 아니라 서툴다. 그렇기 때문에 자신의 역량을 마음껏 발휘할 수 없다는 허탈함을 느끼며 자신감을 잃고 본인의 정체성을 잃을 것이다.

'내가 그 일을 맡으면 더 잘할 수 있을 텐데'라고 생각하는 사람이 나타나면 그들은 자신의 역량이 과소평가되고 있다고 생각할 것이고 분노를 느끼게 될 것이다. 얼마 지나지 않아 왜 이 일을 해야만 하는지 회의를 느끼고 자신감을 잃어갈 것이다. 팀워크는 계속 어긋날 것이고 경쟁력을 잃게 되며 결국에는 아무런 힘을 발휘하지 못하는 팀이 될 것이다.

자신의 역량을 효과적으로 발휘할 수 있는 역할을 맡지 않는다면 결코 좋은 성과를 낼 수 없다. 그러므로 자신에게 가장 적합한 역할이 무엇인지 찾는 것이 중요하다. 그래야만 팀워크를 형성해 시너지를 발휘할 수 있다.

필자가 예전에 근무하던 회사에서 부서장을 맡고 있을 때의 일이다. 부서원 중 한 사람이 본인이 맡고 있는 리더십 과정에 대해 전혀 흥미를 가지지 못하고 있었다. 얼굴은 항상 찡그린 상태였으며, 부서원들과 종종 마찰을 일으키기도 했다.

하루는 그 이유를 알아보고자 면담을 요청했다. 일을 하면서 애로사항이 무엇인지에 대해 이야기를 나누었다. 그가 말하기를 본인은 동적인 일을 하고 싶은데 리더십 과정 자체가 다소 정적인 느낌이 든다는 것이었다. 필자는 그의 성향과 과거 이력, 그리고 역량에 대해 좀 더 구체적으로 파악해보기로 했다. 그는 연수원에서 일하기 전 품질보증실에서 품질관리 및 공정관리 업무를 맡은 경험이 있으며, 성격이 활달하고 사람들과 어울리는 것을 좋아한다는 새로운 사실을 발견했다.

얼마 지나지 않아 전사적 차원의 조직활성화 프로젝트 활동이 있었다. 필자는 그가 적임자라고 판단했고, 본인의 희망도 있어 직무를 전환시켜주었다. 그 결과 현장의 많은 사람들과 효과적으로 교류하며 자기 일에 애착을 갖고 프로젝트 활동을 했으며 소기의 성과를 거두고 무사히 마쳤다. 자신의 역량을 가장 잘 발휘할 수 있는 역할을 맡았기 때문이다.

개인의 역량과 팀의 잠재력을 조화롭게 발휘해 시너지를 창출하려면 적재적소에서 업무를 수행해야 하며 다음 상황을 잘 고려해 자신을 관리해야 한다.

첫째, 전사적으로 직무를 분석해야 한다. 조직의 비전을 바탕으로 전사적 차원에서 직무를 분석한 뒤 직무분석표에 따라 팀별 업무가 중복이나 누락이 되지 않도록 업무 분장을 실시해야 한다. 그래야만 중복이나 누락으로 인해 발생되는 낭비요소를 제거할 수 있다.

예를 들어 실제 현장에서 품질문제가 발생했을 경우 업무 분장이 불명확해 생산기술, 제조, 설계 부분의 직원들이 협력업체에 모여 제각각 다른 대응을 하는 모순적인 일이 비일비재하게 일어난다. 이는 전사적 차원의 직무분석이 이루어지지 않았고, 부서별 역할이 불분명하기 때문이다.

둘째, 역량을 분석해야 한다. 역량은 크게 관리(리더십)역량, 공통역량, 직무역량의 3가지 영역으로 나눌 수 있다. 이 3가지 측면에서 개인과 조직이 보유한 역량과 직무수행에 필요한 역량 등을 분석해야 한다. 부족한 역량은 무엇이고, 어떻게 역량을 확보할 것인지 확보방안을 도출해야 한다. 또한 보유한 역량이 필요 이상으로 넘친다면 잉여역량을 어느 부분으로 전환할 것인지를 판단해야 한다.

셋째, 팀원들을 잘 알아야 한다. 당연한 이야기지만 역할에 가장 적합한 사람이 누구인지 판단할 수 있어야 한다. 그러기 위해서는 팀원의 욕구, 성격, 이력, 관심사항, 역량, 사회성, 인간관계 등을 면밀하게 평가해야 한다. 이러한 평가는 팀원들에게 역할을 부여할 때 유용하게 활용된다. 예를 들어 안정적인 성향의 사람들은 연구개발, 사교적인 성향의 사람은 영업, 분석적인 사람은 회계나 경리, 도전적인 성향의 사람은 신규 프로젝트 등의 과업을 부여하면 높은 성과를 기대할 수 있다.

넷째, 팀을 잘 알아야 한다. 조직의 전반적인 비전이나 미션, 문화 등을 알지 못하면 성공적으로 팀을 이끌어가기 어렵다. 조직이 도달하고자 하는 목표가 어디로 향하고 있는지, 왜 그곳으로 가려고 하는지 알지 못하면 팀의 잠재된 능력을 이끌어낼 수 없기 때문이다. 팀의 비전과 목표를 명확히 알고 있어야 올바른 방향을 제시할 수 있다.

다섯째, 상황을 잘 파악해야 한다. 조직의 비전이나 목표는 일관성이 있다고 하더라도 상황은 급격하게 변화할 수 있다. 따라서 팀이 처한 환경을 실시간으로 파악하는 것이 중요하다. 이를 바탕으로 긴급 상황 발생 시 대안과 중장기 대안 등으로 이원화해 관리할 필요가 있다. 예를 들어 특강을 하기로 한 강사가 이동 중 교통사고를 당했다면 어떻게 대응할 것인가? 이와 같은 상황이 발생했을 때

효과적으로 대응하려면 실시간으로 개인 및 조직의 현황을 정확히
파악해두어야 한다.

 **한 줄 트레이닝**

**효과적인 역할 분장 체크리스트**

① 누가 그 일에 흥미를 가지고 있는가?

② 누가 그 일을 가장 잘하는가?

③ 누가 그 일에 대한 애착심을 가지고 있는가?

# 지시나 감독 없이도 움직이는 팔로워가 되라

리더의 지시나 감독 없이는 움직이지 않는 팔로워가 있다. 앞서 팔로워란 리더의 명령이나 지시에 맹목적으로 따르는 추종자가 아니라 시장 환경 변화에 능동적으로 대응하는 리더의 파트너라고 정의했다.

팔로워들은 리더가 누군가는 편애하고 다른 누군가는 미워한다고 생각하는 경우가 많다. 그러나 리더가 팔로워를 미워하는 것이 아니라 팔로워가 미움받을 말과 행동을 하기 때문에 편애를 하거나 미워한다고 볼 수 있다. 리더들은 다음의 특징을 지닌 팔로워를 비판한다.

- 자신의 일에 최선을 다하지 않음
- 일을 스스로 찾아서 하지 않음

- 성과를 내지 못함

- 리더의 요구를 충족하지 못함

- 리더가 지시할 때까지 복지부동함

- 협력이 부족함

- 동료 간의 갈등이 있음

- 자기계발이 부족함

우리는 개인과 조직의 성공을 위해 고객의 니즈가 무엇인지 파악하고 열정을 다해 고객의 문제나 니즈를 해결해준다. 하지만 업무의 파트너인 리더의 니즈는 파악하지 않는 경우가 많다. 리더의 숨은 니즈가 무엇인지 파악하고 즉각적으로 대응할 때 바람직한 팔로워가 될 수 있다. 그러므로 리더가 말하기 전에 리더의 숨은 니즈까지 철저히 파악해야 한다.

리더의 숨은 니즈를 파악하는 방법은 다음과 같다.

■ 리더의 숨은 니즈 파악 프로세스

| 관찰 | 리더명 | 김진수 부장 |
|---|---|---|
| | 리더의 행동유형 | 일을 중시하며 매우 신중함(데이터에 근거한 업무 처리)<br>업무 품질이 낮을 경우 강한 피드백<br>상사의 비난이나 질책에 매우 민감함 |
| | 현재 수행하고 있는 직무 | 마케팅 전략 수립(CEO 참석 전사 전략회의 보고) |
| | 핵심가치 | 창조적 업무 수행, 근거 중시, 수시 보고 |

| 니즈 파악 | 경쟁사 중국시장 진입 전략 자료 입수 | O |
|---|---|---|
| | 20대 구매패턴 분석 결과 | |
| | 점유율 20% 확보 위한 차별화 전략 방안 | O |
| | 고객 세분화 기준 설정 | |
| | 수익성 분석 자료(근거 제시) | |
| 핵심 니즈 도출 | 경기지역 틈새전략 방안 | O |
| | 근거에 의한 자료 작성 | O |
| | 1/4분기 산둥지역 진입 실패 원인 | O |
| 핵심 니즈 실행 | | |

첫째, 관찰을 통해 리더의 행동유형과 현재 수행하고 있는 직무, 그리고 중요하게 여기는 핵심 가치가 무엇인지 파악한다. 그래야 자신이 수행해야 할 일의 방향을 결정할 수 있다.

둘째, 숨은 니즈를 파악하고 그중에서 중요한 핵심 니즈를 선정한다. 리더의 핵심 니즈는 수행해야 할 일의 우선순위를 정하는 기준이 된다.

셋째. 숨은 니즈를 파악했으면 본인의 업무와 매칭해 즉각적으로 실행한다. 리더의 니즈를 읽지 못하고 무대응하는 행동은 리더의 마음을 떠나게 하는 팔로워의 나쁜 태도다. 리더를 고객으로 생각하고 대응하라는 뜻이다.

리더의 니즈에는 회사의 사명, 비전, 전략, 경영이념 등이 그 이면에 숨어 있다. 따라서 리더의 숨은 니즈를 발견하고 이를 실행하는 것은 조직의 미션, 비전을 실현하는 것과 같다. 즉 리더의 숨은 니즈

실현이 기업의 비전 실현이다. 일을 잘하는 팔로워는 리더의 숨은 니즈를 명확히 파악하고 이를 실행하는 역량이 뛰어나다.

## 한 줄 트레이닝

리더의 숨은 니즈를 파악해보자.

| 리더의 니즈 | 핵심 니즈 |
| --- | --- |
|  |  |
|  |  |

# 킹핀이 되려면
# 몰입하라

킹핀<sup>kingpin</sup>은 자동차의 스티어링 너클<sup>steering knuckle</sup>을 앞 차축에 고정시키는 핀을 말한다. 보잘것없는 작은 핀에 불과하지만 이것이 없으면 너클을 차축에 고정시킬 수 없다. 조직에서 성공하는 사람이 되려면 킹핀이 되어야 한다. 킹핀은 조직을 지탱하는 기둥이다. 조직의 킹핀이 되려면 어떻게 해야 할까? 정답은 '몰입'이다.

몰입이란 '무언가에 흠뻑 빠져 있는 심리적 상태' 또는 '주위의 모든 잡념, 방해물을 차단하고 자신이 원하는 어느 한곳에 모든 정신을 집중하는 것'이다. 그런데 몰입하기란 좀처럼 쉽지 않다. 이것은 내가 몰입의 대상을 호감으로 생각하는가, 비호감으로 생각하는가에 따라 결정된다. 몰입하지 못하는 이유는 몰입의 대상을 비호감으로 생각하기 때문이다. 내가 하는 모든 일을 호감을 갖고 즐겁게 일하면 몰입할 수 있고, 비호감으로 생각하고 고통스럽게 일하면 몰입

■ 몰입을 위한 마음의 흐름

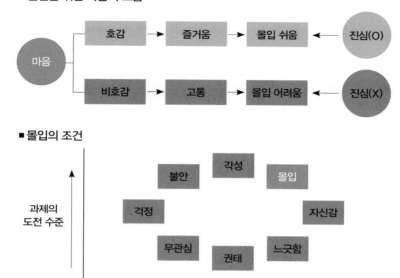

■ 몰입의 조건

출처: 미하이 칙센트미하이, 「몰입 flow」, 최인수 옮김, 한울림, 2004.

이 되지 않는다.

그러면 어떻게 하면 몰입의 상태에 이를 수 있을까? 그것은 자신이 수행하고 있는 업무나 비전에 대해 높은 목표를 갖는 것과 동시에 이 높은 목표를 달성할 수 있는 역량을 개발하는 것이다. 만일 높은 수준의 목표를 수립했는데 역량이 미치지 못하면 불안을 느끼게 되고, 반대로 자신이 보유한 능력은 뛰어난데 목표의 수준이 낮으면 느긋하게 일을 하게 되어 낮은 성과를 도출하게 된다.

그러면 몰입 상태에 이르기 위한 구체적인 요소들은 무엇이 있을까?

- **핵심 과제를 설정한다:** 과제를 설정할 때는 미해결된 과제 중에서 중요하고 핵심이 되는 것을 선택한다. 난이도는 높지만 대단히 중요해서 그것을 해결함에 의미가 있어야 한다.

- **관련 지식을 습득한다:** 몰입적인 사고를 시도하기 몇 주 전부터 해결하고자 하는 문제와 관련된 지식을 충분히 습득한다.

- **몰입할 수 있는 환경을 확보한다:** 일주일 이상 한 가지 문제에 집중할 수 있도록 주변 상황을 정리해야 한다. 몰입을 하는 과정에서 다른 일들로 인해 집중도가 현저하게 떨어질 수 있으므로 해야 할 일을 모두 끝낸다.

- **창조력을 발휘한다:** 몰입을 극대화하기 위해서는 뇌를 협박해 임계점 이상에 도달하게 해야 하는데 이때 창의력을 적극 발휘할 수 있다.

- **불필요한 외부 정보를 차단한다:** SNS, TV 시청, 잡담 등은 집중도를 떨어뜨린다.

- **혼자만의 공간을 정한다:** 혼자만의 공간에서 목까지 받칠 수 있는 편안한 의자나 소파를 준비하면 더욱 좋다. 자세가 편할수록 집중이 잘 된다는 점을 기억하라.

- **구체적인 액션 플랜을 수립한다:** 'plan, do, see'로 나누어 구체적인 실행계획을 수립하고 이 계획에 따라 철저하게 실행한다.

- **건강 관리를 한다:** 규칙적인 운동을 하고 정기적으로 건강검진을 받아 몸과 정신을 건강하게 관리해야 한다. 몸에 이상이 발생하면 몰입이 불가능하다.

- **단백질 위주의 식사를 한다:** 몰입은 생각과 집중의 강도가 매우 높은 상태를 만드는 것으로 많은 두뇌 활동을 요구한다. 따라서 양질의 단백질이 함유된 음식을 적당히 먹는 것이 좋다.

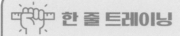 **한 줄 트레이닝**

**몰입을 위한 또 다른 팁**

① 긍정적인 채널 맞추기: 편안한 호흡과 함께 행복했던 기억이나 이미지를 떠올려본다.

② 바른 생활습관 갖기: 충분한 휴식, 8시간 이상의 수면, 적당한 운동 등의 습관을 갖는다.

③ 좋아하는 것에 집중하기: 자신이 좋아하는 일이나 취미 하나를 정해 집중해본다.

# 어느 자리에서건
# 분위기 메이커가 되라

필자가 초보 강사 시절 일어났던 일이다. 강의 중 음향 장비에 문제가 생겨 순간 강의장에 정적이 흐르기 시작했다. 강의를 하면서 이런 일은 처음이라 매우 당황스러웠다. 먼저 장비 수리 담당자에 연락을 취했다.

연락을 끝낸 후 자칫 고요한 적막함이 흐를 뻔한 찰나 구세주가 나타났다. 바로 교육 담당자였다.

"강사님! 갑자기 장비에 문제가 생겨 당황스러우시죠? 걱정 마세요. 잠깐 제 이야기를 들려드릴게요. 제가 이 회사에 들어오기 전에 모 중소기업에서 비서로 근무한 적이 있는데 그 회사에 어떻게 들어갔는지 아세요? 3명이 최종 면접에 들어갔는데 면접관들이 각자의 특기가 뭐냐고 묻는 거예요. 서울의 S대를 나온 지원자는 '저는 영어도 잘하고 중국어도 잘합니다. 그래서 회장님이 해외 출장을 가시거나 외국인을 접대하실 때 제가 통역을 해드릴 수 있습니다'라고 했고, 마지막으로 저한테 질문이 왔어요. 그래서 저는 이렇게 대답했습니다. '저도 S대를 나왔습니다. 그런데 동쪽에 있는 S대를 졸업했답니다. 저의 주특기는 세무조사가 나왔을 때 잽싸게 회장님을 피신시킬 수 있다는 것입니다. 이전 회사에 근무할 때 세무조사를 여러 번 받았는데 그때 회장님을 잘 피신시켜드려 세무조사를 면한 적이 있습니다.' 이렇게 답변해서 그 회사에 취직했었답니다."

순간 조용하던 강의장은 금방 폭소로 가득해졌고 상황은 극적으로 반전되었다. 덕분에 강의를 순조롭게 마칠 수 있었다. 필자는 그 일로 말미암아 조직의 분위기 메이커가 갖는 경쟁력에 대해 생각해보게 되었고, 다음과 같은 몇 가지 교훈을 얻었다.

첫째, 조직 내에는 명랑한 사람이 있어야 활기차고 사람들의 표정이 밝아진다. 사람들은 명랑하고 재미있는 사람을 좋아한다. 명랑한 직원은 조직의 분위기도 단박에 전환할 수 있다. 특히 조직의 성과가 낮을 때 자칫 우울한 분위기가 되는 것을 막을 수 있는 장점이 있다.

둘째, 명랑한 사람들은 조직을 긍정적으로 만든다. 긍정적인 조직은 그렇지 않은 조직에 비해 업무 성과가 매우 높다. 필자도 이러한 교훈을 통해 고객을 즐겁게 만들 수 있는 유머를 강의 곳곳에 활용하려는 노력을 기울이고 있다. 재미있게 강의를 하는 사람들의 특성을 살펴보고 벤치마킹해서 실제 강의에 적용해보곤 한다. 명랑함이라든가 유머는 어느 정도 타고나는 것이지만 훈련하면 얼마든지 향상이 가능하다.

셋째, 즐거운 사람들은 팀워크가 뛰어나다. 기러기는 비행을 할 때 V자형으로 날아간다. 에너지를 30% 정도 절감할 수 있기 때문이다. 대형이 흐트러지면 목적지까지 모든 기러기가 날아갈 수 없다. 또한 서로를 배려해 리더의 역할을 바꾸면서 비행한다. 리더가 되면 비바람을 정면으로 맞아야 하지만 기러기들은 이를 마다하지 않는다.

넷째, 조직이 침체되었을 때 활력을 불어넣어준다. 조직의 분위기가 가라앉아 있으면 성과가 나지 않는다. 분위기 메이커는 조직이 가라앉아 있을 때 칭찬, 맞장구, 지지, 격려를 통해 팀의 분위기를 살린다. 활력 있는 팀의 분위기는 성과에 바로 직결된다.

팀의 분위기가 긍정적이 되느냐 부정적이 되느냐는 바로 당신의 손에 달려 있다. 그렇다면 어떻게 팀의 분위기 메이커가 될 수 있을까?

- 동료들의 취향을 파악한다.
- 정기적으로 팀 스포츠 활동(탁구, 족구, 볼링 등)을 준비한다.
- 칭찬받을 사람이 있으면 전원이 모인 자리에서 함께 축하해 준다.
- 칭찬 릴레이를 실시한다.
- 생일축하 메시지를 보낸다.

- 어려운 일을 도와준다.

- 슬픈 일은 나눠 가진다.

- 격려하고 지지하는 것을 소홀히 하지 않는다.

- 유머 강의를 듣는다.

- 가끔은 뒤풀이 자리도 마련한다.

- 개인적인 일도 도와준다.

- 상대방의 이야기를 적극적으로 경청한다.

분위기 메이커가 되기 위해서는 상대방의 이야기를 잘 듣고 수렴하며 지지하고 격려해주어야 한다. 그리고 개인적인 일이든 조직적인 일이든 서로 협력하는 자세가 필요하다.

---

### 한 줄 트레이닝

함께 일하는 사람들을 칭찬해보자.

| 이름 | 칭찬하기 |
| --- | --- |
|  |  |
|  |  |

# 인사고과를 잘 받고 싶다면
# 좋은 평판이 중요하다

직장에서의 성공에 대한 척도는 무엇일까? 그것은 동료나 리더에게서 좋은 평판을 받는 것이 아닐까? 좋은 평판을 받아야 높은 고과를 받을 수 있으며, 높은 고과를 받아야만 승진할 수 있다.

그러면 높은 고과를 받기 위해서는 어떻게 해야 할까?

첫째, 올바른 태도를 갖춰야 한다. 앞서 핵심 역량을 확보하는 것이 중요하다고 기술한 바 있는데 이 핵심 역량 3가지(지식, 기술, 태도) 중 가장 중요한 것이 태도다. 여기에서 태도란 성품뿐만 아니라 도전정신, 솔선수범, 열정 등 인간이 가지고 있는 내면의 양식을 말한다. 만약 도전정신이 없다면 어떤 일을 시도할 수 없으며 시도하지 않는다면 자신이 가지고 있는 지식과 기술을 활용할 기회조차 없어진다.

둘째, 역량을 아이디어로 전환하는 능력을 가지고 있어야 한다.

아무리 뛰어난 역량을 가지고 있어도 이를 창의적인 아이디어로 전환하지 못하면 역량은 사장된 것과 마찬가지다. 가지고 있는 역량이 무궁무진한데 이를 효과적으로 발휘하지 못하는 사람들이 종종 있다. 이런 사람들은 자신이 가지고 있는 역량을 실용적인 아이디어로 기획할 수 있는 능력이 없기 때문이다.

셋째, 커뮤니케이션 능력이 있어야 한다. 아무리 훌륭한 아이디어 기획안을 도출했다고 해도 이를 이해관계자나 리더에게 설명해 설득하지 못하면 실행할 수 없고, 실행할 수 없으면 성과를 창출할 수 없으며, 성과를 창출할 수 없으면 좋은 평가를 받을 수 없다. 좋은 평가를 받지 못하면 높은 고과를 받을 수 없다. 당연히 높은 보상이나 승진도 기대할 수 없게 된다.

좋은 평가를 받으려면 앞의 3가지 요건을 바탕으로 다음 사항에 유념하면서 직장 생활을 해야 한다.

첫째, 리더의 비전과 목표를 파악한다. 리더는 비전과 목표를 수립할 때 기업의 비전과 전략, 경영자의 경영철학, 고객의 요구를 반영해 설정한다. 이 비전과 목표는 기업의 주요 현안과 미래가치를 결정짓는 중요한 요소다. 따라서 리더의 비전과 목표를 근간으로 자신의 목표를 수립하고 실행계획에 따라 실행해야만 조직의 비전과 일치하는 성과를 창출할 수 있다. 조직의 성과와 연결되지 않는 성과는 무의미하고 좋은 평판을 기대할 수 없다.

둘째, 보고서는 품질보다 납기가 우선이다. 적시성이란 말이 있다. 이는 알맞은 때에 제품이나 서비스가 제공되지 않으면 어떤 결과도 얻을 수 없다는 말과 같다. 사실 대부분의 리더들은 업무의 품질보다는 납기를 더 중시한다. 납기일을 지키지 않는 팔로워의 태도에 실망하는 리더가 의외로 많다. 보고서의 품질은 서로 협의하고 조정하면서 만들어가면 되지만, 고객들은 마냥 기다려주지 않는다. 만약 납기일을 지키지 못할 것 같으면 반드시 중간보고를 통해 지연되는 이유나 근거를 제시해야 한다. 특히 요즘처럼 입사평가를 철저히 하는 시스템에서 직장인들의 역량은 고만고만한 경우가 많다. 실적도, 수준도 비슷비슷하다 보니 납기일을 지키는 태도가 고과에 결정적인 영향을 미친다.

셋째, 동료들의 업무에 대해 부정적 평가를 해서는 안 된다. 동료들의 업무에 대해 의견을 제시할 수는 있다. 이는 팀의 목표를 달성하는 데 매우 중요하다. 그러나 동료의 일에 대해 "못했다"라는 부정적 평가를 해서는 안 된다. "잘못했다"라고 비판하는 일 역시 금물이다. '남을 비판하는 사람은 나도 비판할 거야'라는 생각을 동료뿐만 아니라 인사평가자도 하기 마련이다.

넷째, 훌륭한 성과를 내는 사람을 벤치마킹해야 한다. 핵심 역량이란 중간 정도의 성과를 내는 사람과 고성과를 내는 사람들의 차별적인 특성이다. 따라서 좋은 평판을 얻고 있는, 즉 핵심 역량을 보유한 사람들의 말과 행동을 따라 해보는 것이다. 따라 해보면서 성과가 나면 자신의 아이디어를 조금씩 쌓아가는 방식으로 접근해 누구나 고성과자가 될 수 있다.

 **한 줄 트레이닝**

**고성과자 벤치마킹 절차**

① 핵심 역량을 가진 사람의 차별적 특성, 즉 그 사람의 지식, 기술, 태도가 무엇인지 파악한다.

② 자신의 강점과 약점을 분석한다.

③ 벤치마킹을 통해 자신의 강점은 더욱 강화하고 약점은 보완할 수 있는 방안을 도출하고 실행한다.

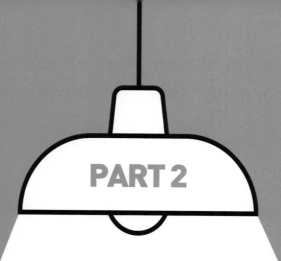

PART 2

# 혼자서만 잘하는
# 리더는 없다

# Leading

# 리더는 사람과 조직을
# 이끄는 사람이다

현재와 같이 급격하게 변하는 환경에서 성공하려면 리더십을 발휘해야 한다. 조직에 맹목적으로 순응하거나 조직의 톱니바퀴에 불과한 존재가 된다면, 이는 실패한 낙오자다. 리더는 조직의 여러 가지 활동에 맹목적으로 순응하는 존재가 아니다. 리더는 사람과 조직을 이끄는 사람이 되어야 한다. 그러면 어떻게 해야 사람과 조직을 잘 이끌 수 있을까?

첫째, 자신만의 색깔을 만들어야 한다. 자신만의 색깔이 없다면 레드오션의 바다에서 방향을 잡지 못하고 헤매는 난파선의 선장과 같은 처지에 직면하고 말 것이다. 반대로 자신만의 색깔을 갖게 되면 경쟁자가 없어지고 높은 가치를 인정받을 수 있다. 자신만의 색깔을 만들려면 창의성을 발휘해야 한다. 또한 자신만 가지고 있는 핵심 역량을 확보해야 한다. 핵심 역량이란 보통의 성과를 내는 사람과 뛰어난 성과를 내는 사람과의 차별적 특성인 지식, 기술, 태도를 말한다.

둘째, 세상을 있는 그대로 볼 수 있는 천리안을 가져야 한다. 가고자 하는 곳에 닿는 방법을 습득하기 전에 자신이 지금 어디에 있는지, 어디로 가고자 하는지를 명확히 알아야 한다. 대부분 어떤 상황에 놓이면 자신의 경험과 편견에 따라 판단하는 경향이 있어 공정하고 투명한 눈으로 세상을 보기란 쉽지 않다. 많은 사람들은 어려운 일이나 새로운 문제에 직면하게 되면 자신이 과거에 경험했던 비슷한 일을 떠올리고 비슷한 판단을 하며 비슷한 방법으로 문제를 해결하고자 한다. 더 나아가 이미 지나간 일에 집착해 한 발자국도 더 나아가지 못하는 사람도 종종 볼 수 있다. 일보 전진이 아니라 후퇴하는 사람도 생각보다 많다.

전진하기 위해서는 지난 일은 거울로 삼되 잊어버려야 한다. 즉 모든 일을 제로 베이스<sup>zero base</sup>에서 생각해야 한다. 본인이 직면한 현상도 제로 베이스에서, 원인 분석과 해결방안도 제로 베이스에서 생각해야 한다. 그래야 원천적인 문제를 해결할 수 있다.

셋째, 명료하게 사물을 바라볼 수 있어야 한다. 이것은 쉬운 것 같지만 쉽지 않다. 사람에 따라 자신이 살아온 가치관이나 자아가 다르기 때문이다. 자신의 가치관을 버리고 다른 사람의 가치관으로 세상을 바라보려는 노력은 세상을 있는 그대로 보기 위한 첫걸음이다. '갑'도 '을'도 아닌 제3자의 입장에서 냉정하게 바라볼 수 있어야 한다. 그래야만 객관적인 판단을 할 수 있고 바람직한 자신의 삶의 방향을 설정할 수 있다.

넷째, 절대로 화난 감정을 겉으로 드러내지 말아야 한다. 잠을 청하려 하는데 바깥에서 사람들이 싸우는 소리가 들린다. 바쁜 아침에 법규를 준수하지 않는 차량이 끼어들었다. 회사에서 품질관리 회의에 한 직원이 늦었다. 이런 상황에서 그들과 한바탕 싸우거나 화를 내는 것이 현명한 행동인가? 아니면 감정을 억누르는 것이 현명한 행동인가? 싸우거나 화를 내서 문제가 해결된다면 그래도 된다. 그러나 전혀 그렇지 않다. 이미 일어난 일이고, 화난 감정을 드러낸다고 해서 그 이전의 상태로 돌아갈 수 있는 것은 아니다. 이러한 상황에서는 흔들림 없이 반응하며 오히려 넓은 마음으로 포용하는 것이 중요하다.

다섯째, 진실만을 말하고 진실 되게 상대를 대해야 한다. 성능이 좋지 않은 텔레비전이나 휴대전화는 품질 문제를 손쉽게 알 수 있다. 그러나 사람의 마음만은 진실을 쉽게 파악하기 어렵다. 그래서 상대의 진실하지 못함이 드러났을 때 사람들은 텔레비전이 고장 났을 때보다 더욱 분노하는 것이다. 진실을 알고도 말하지 않는 사람이 많은 조직은 발전하지 못한다. 훌륭한 조직은 세상을 있는 그대로 진실하게 바라보고 말해줄 수 있는 사람을 찾는다. 진실을 인정하지 않고 공유하지 못하는 조직에서는 아무리 뛰어난 재능도 쓸모가 없다.

사람과 조직을 잘 이끌면 성공의 지도를 그릴 수 있다. 성공의 지도를 잘 그리면 자신뿐만 아니라 조직도 성공의 문 앞으로 한 발짝 앞서갈 수 있다. 리더란 바로 성공의 지도를 아름답게 설계하는 조직의 핵심 연구원이다.

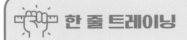 **한 줄 트레이닝**

**조직을 효과적으로 이끄는 리더의 자세**

① 생각이 한쪽에 치우치지 않고 균형 있는 자세를 취한다.

② 남과 다른 관점에서 사고하고 행동한다.

③ 자신의 역량을 끊임없이 개발한다.

# 리더는 무조건 조직을 승리로 이끌어야 한다

윈스턴 처칠 영국 전 총리는 아돌프 히틀러와 나치에 대항해 반드시 승리하고 말겠다는 강한 각오와 함께 히틀러에게 저항하도록 국민들을 독려했고 결국 전쟁에서 승리했다.

처칠은 "우리의 목표가 무엇이냐고 물으면 저는 단 한 단어로 대답할 수 있습니다. 그것은 '승리'입니다. 어떤 대가를 치러서라도 승리하는 것입니다. 어떤 공포가 있더라도, 승리로 가는 길이 아무리 멀고 험난하더라도 승리하는 것입니다. 승리가 없이는 생존할 수 없기 때문입니다"라고 말하며 승리에 대한 확신과 각오를 다졌다.

위기 상황에 직면했을 때 어떤 리더는 최고의 리더가 되는 반면, 어떤 리더는 최악의 리더가 된다. 위대한 리더는 아무리 힘든 상황에 직면해도 최고의 능력을 발휘하는 법이다. 위대한 리더의 마음속에는 승리에 대한 확신이 명확하게 자리 잡고 있으며, 미래에 대한 비전 또한 확고하다. 그들은 어떤 상황에서도 승리할 수 있는 다양한 방법을 알고 있으며, 끈기와 승리를 향한 열정을 삶의 전반에서 발견할 수 있다.

다시 강조하자면 리더의 존재 이유는 승리를 위해서다. 개인과 조직 모두 승리하도록 하는 것이 리더의 존재 이유다. 리더는 반드시 조직을 승리로 이끌어야 한다. 그렇다면 승리하는 리더와 패배하는 리더를 어떻게 구분할 수 있을까? 주어진 환경과 조건이 다르므로 명확히 구분하기는 어렵지만, 한 가지 분명한 사실은 승리하는 리더는 패배를 인정하지 않는다는 것이다. 그들에게는 승리 이외의 다른 대안은 없으므로 반드시 승리하기 위해 최선의 방법을 강구하고 노력한다.

'승리'라는 단어를 생각하면 코린도 그룹의 승은호 회장이 떠오른다. 1969년 목재 사업을 기반으로 인도네시아에 진출한 코린도 그룹은 30여 개의 계열사가 있으며 인도네시아에서 20위권의 재벌 그룹으로 성장했다. 이 회사는 우리나라가 해외자본을 유치해 산업화를 추진하던 시기에 역으로 해외로 진출했다. 불모지였던 인도네시아 동부 오지 파푸아에 원목 개발 및 합판공장 설비에 투자했으며, 1984년에는 인도네시아 최초의 신문용지 공장을 세워 동남아 최대 규모로 키웠다. 현재는 중공업·화학·물류·부동산·금융 등으로 사업영역을 확장하고 있다.

코린도 그룹이 인도네시아에서 성공할 수 있었던 것은 조기에 시장을 선점하고 과감한 투자로 사업을 확장했기 때문이다. 또한 공장

주변의 근로자들이 사는 마을뿐만 아니라 주변 지역에까지 전기와 수도를 공급하고 이슬람 사원을 건립하는 등 현지화 전략을 펼친 것이 주효했다. 대부분의 전문가들은 코린도 그룹이 성공할 수 있었던 핵심 동력의 첫 번째 요건으로 패배를 인정하지 않는 기업주의 철학과 불굴의 의지를 꼽는다. 1960년대 말 승은호 회장이 인도네시아에 진출해 사업을 하겠다고 선언하자 많은 사람들이 실패할 것이라고 이구동성으로 말했다고 한다. 그러나 승 회장은 실패를 두려워하지 않았으며 반드시 성공하겠다는 승리에 대한 확신이 있었다. 그렇게 마침내 승 회장은 성공했다.

일을 시작하기도 전에 실패에 대한 두려움으로 승리에 대한 확신을 갖지 못하는 리더라면 지금 당장 조직을 떠나야 한다. 그들은 승리의 발뒤꿈치에도 갈 수 없다. 조직에 아무런 존재 가치가 없는 것이다.

조직에서 승리하는 리더가 되려면 어떻게 하면 될까?

첫째, '일 관리'를 잘해야 한다. 자신의 일뿐만 아니라 조직 구성원 각자의 일을 잘 관리해야 한다. 일을 잘 관리하려면 업무에 대한 명확한 액션 플랜이 있어야 하며 구성원들이 각자 수행하고 있는 업무를 명확히 파악하고 네트워킹을 잘해야 한다.

둘째, '조직 관리'를 잘해야 한다. 조직 관리를 잘하기 위해서는 구성원들의 책임과 역할을 명확히 하고 항상 구성원들과 소통해야 한다.

셋째, '변화 관리'를 잘해야 한다. 시장이나 고객의 변화가 어떻게 이루어지고 있는지 지속적으로 관찰하고 파악해야 하며, 변화에 효과적으로 대응할 수 있는 체계를 갖추어야 한다.

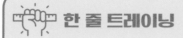 **한 줄 트레이닝**

**조직에서 승리하는 사람들의 특징**

① 실패했을 때 남 탓으로 돌리지 않는다.

② 항상 타인과 협력해 일한다.

③ 성과는 함께 공유한다.

# 주도적으로
# 업무를 수행하라

어느 날 한 부부가 산행을 가게 되었는데 아내가 독사에게 발목을 물렸다. 이에 화가 난 남편은 독사에게 물린 아내를 방치한 채 독사를 때려잡으려 동분서주했다. 그러는 사이 아내는 독이 온몸에 퍼졌고, 응급차로 후송되어 병원에 도착해 치료를 받았지만 주요 장기에 이상이 생기는 피해를 입어야만 했다. 남편이 감정에 치우쳐 행동한 결과다. 아내의 생명을 우선으로 생각했다면 손수건 등으로 독이 퍼지지 않도록 응급조치를 한 뒤, 119에 신고해 신속하게 조치했어야 안전하게 치료를 받을 수 있었을 것이다. 그러나 감정적으로 상황에 대응했기 때문에 적기에 치료를 받지 못한 아내는 장기까지 손상을 입는 피해를 입었다.

이와 같이 문제의 핵심에 집중하지 않는 삶의 방식을 '대응적인 삶'이라고 한다. 모든 직장인은 결코 대응적인 삶의 자세를 가져서는 안 된다. 대응적인 삶이란 느낌, 감정, 충동, 남들의 대우에 의해 좌우되는 삶, 생각 없이 맞대응을 하는 삶을 말한다.

대응적인 삶과 반대되는 개념이 '주도적인 삶'이다. 개에게 돌을 던지면 개는 돌을 쫓아간다. 그러나 사자에게 돌을 던지면 사자는 돌을 던진 사람을 공격한다. 이는 문제의 핵심이 무엇인지 잘 알고 주도적으로 대응하는 행동이다. 이렇듯 주도적인 삶이란 어떠한 일이 일어나든지 자신의 가치에 근거해서 반응을 선택하며 살아가는 것을 말한다. 다시 말해 과거·현재·미래의 모든 행동과 결과에 대한 책임자는 바로 자신이라는 것을 인식하고 자기의 삶에 책임을 지며 주도적으로 살아가는 것이다.

필자는 버스를 타면 멀미를 한다. 그러나 직접 운전을 하면 멀미가 나지 않는다. 운전자는 자동차의 안전운전에 책임을 지고 정상적인 운행을 위해 몰입을 해야 하고 안전운전에 대한 책임이 있기 때문이다. 차의 주인이므로 어떤 주위 환경 변화에도 주도적으로 대응하면서 운전을 하기 때문에 멀미가 일어나지 않는 것이다. 주도적인 사람은 주인의식이 있으며 책임감이 뛰어나다.

대응적인 사람들은 자신의 통제력이 미치지 않는 일에 관심을 가지고 살아가지만, 주도적인 사람들은 자신의 통제력이 미치는 일에 영향력을 끼치며 살아간다. 우리는 바람의 방향은 바꿀 수 없지만 돛단배의 돛은 조절하며 살아갈 수 있다. 대응적인 사람은 바람의 방향을 바꾸려고 하는 사람이고, 주도적인 사람은 돛을 조절해 배가 도달하고자 하는 목적지로 향하게 하는 사람이다.

주도적인 사람은 영향력의 원을 확대하는 데 관심을 기울인다. 영향력의 원이란 자신과 직간접적으로 이해관계가 있는 일 가운데 결심만 하면 스스로의 힘으로 해낼 수 있는 일을 말한다. 예를 들면 사람들과의 약속을 잘 지키고, 친절하게 응대하고, 예의를 지키며, 양보하고 사과하고, 상대의 이야기를 잘 경청하는 등의 행동이다. 주도적인 사람이 되기 위해서는 모든 일에 주인의식을 가지고 시간, 정성, 노력 등 모든 에너지를 가장 확실히 통제할 수 있는 자신의 핵심 문제 해결에 집중해야 한다.

영향력의 원에 집중하면 다음의 긍정적인 결과가 뒤따른다.

- 자신과 상대에게 생산적인 결과를 가져온다.
- 처한 형편이나 환경이 개선된다.
- 성품과 능력이 점차 증대된다.
- 긍정적 · 적극적 · 진취적 · 확장적인 사고를 갖게 된다.

스스로 인생의 주인이 되는 주도적인 삶을 살아가려면 자신이 가진 모든 에너지를 영향력의 원 안에 집중시켜야 한다. 영향력의 원을 확대하지 않고 축소하게 되면, 즉 자기가 할 수 없는 일에 관심을 집중하면 힘이 분산되어 자기가 할 수 있는 일까지 할 수 없게 된다.

깊은 생각 없이 행동하는 대응적인 사람들은 쉽게 포기하며, 시간과 노력 등 에너지의 대부분을 남의 약점을 찾거나 비난하고 험담하는 데 집중한다. 그 결과 힘이 분산되어 생산적인 에너지를 만들

■ 영향력의 원 확대하기

어내지 못한다. 만일 내가 진정으로 어떤 상황이 개선되기를 원한다면, 내가 통제할 수 있는 단 한 가지, 즉 나 자신에게 초점을 맞춰서 변화하도록 노력해야 한다.

한 줄 트레이닝

**현재 내가 할 수 있는 영향력의 원 확대하기**

① 먼저 작은 일부터 실천한다(인사 잘하기, 칭찬 자주 하기 등).

② 부정적인 생각은 멀리하고 긍정적인 생각만 한다.

③ 공을 함께 나눈다.

# 관대함

# 자신에겐 엄격하고
# 팔로워에겐 관대한 리더가 되자

팔로워에게 좋은 평가를 받고 있는 리더를 찾아가서 훌륭한 리더가 되는 비결에 대해 물었다. 그는 이렇게 대답했다.

"그저 제가 해야 할 일을 했을 뿐입니다."

너무나 상식적이고 평범한 대답이었다. 자신을 과대평가하거나 우쭐대는 답변은 전혀 없었다.

"제가 훌륭한 리더라고요? 누가 그러던가요?"

그는 자신의 평가에 대해 매우 엄격했다. 그저 자신이 평범한 리더라고 생각하고 있었던 것이다.

필자가 과장이던 시절, 영업본부장을 맡고 있던 K부사장은 조직 구성원 모두의 존경을 한몸에 받고 있었다. 그는 다음과 같은 면에서 구성원들에게 좋은 평가를 받았다.

- 다른 사람들에게 매우 겸손한 태도를 보인다.
- 자신의 성과에 대해 우쭐대거나 과장하지 않는다.
- 자신의 공을 후배에게 돌린다.
- 리더에게 받는 칭찬에 오히려 부끄러워한다.
- 자신이 하는 일에 항상 자긍심을 가지고 있다.
- 팔로워들을 자주 칭찬한다.
- 구체적인 액션 플랜에 따라 업무를 수행한다.
- 남과 다른 창의적인 아이디어가 있다.
- 문제의식이 있다.

훌륭한 리더들은 다음과 같은 특징이 있다.

첫째, 훌륭한 리더는 대부분 자신을 낮추고 겸손하다. 최고가 아닌 평범한 리더로서 겸손함을 가졌기에 자신의 일에 최선을 다한다. 또한 자만하지 않고 늘 새로운 것을 배우려는 노력을 기울인다. 자만한 리더와 겸손한 리더는 시간이 흐를수록 실력에 차이가 발생한다. 자만한 리더는 자신이 최고라는 생각을 하고 있어 배움의 중요성을 느끼지 못한다. 따라서 새로운 환경에 대한 대처능력이 떨어진다. 반면 겸손한 리더는 어떠한 환경에도 효과적으로 대응할 수 있는 역량을 가지고 있다.

둘째, 훌륭한 리더는 자신이 하는 일을 남들이 알아주기를 바라지 않는다. 그들은 당연히 해야 할 일을 했을 뿐, 칭찬받을 일을 했다고 생각하지 않는다. 오히려 그 공을 팔로워에게 돌린다. "저는 한 일이 없는데 우리 팀원들이 알아서 한 일들입니다"라고 말한다. 이런 리더 밑에서 일하는 팔로워들은 더욱 열심히 일하게 마련이다.

사실 팔로워를 높여주면 리더는 저절로 올라간다. 그러나 일부 리더들은 칭찬받기를 원하며 심지어 팔로워의 공을 가로채는 경우도 있다. 훌륭한 리더는 칭찬받기 위해 일하지 않는다. 개인과 조직의 성과 향상을 위해 일에 몰입한다.

셋째, 훌륭한 리더는 팔로워의 잘못을 나무라지 않는다. 팔로워가 아무리 잘못했다고 하더라도 비난하거나 야단치지 않는다. 오히려 자신의 책임이라고 이야기한다. 이들은 팔로워들에게 매우 관대하다. 잘못한 일을 지적할 때는 발전적인 피드백을 통해 그들의 성장을 돕는다.

넷째, 훌륭한 리더는 자기 자신에게는 매우 엄격한 기준을 적용한다. 다른 부서나 다른 사람 때문에 일이 잘못되었다고 해도 이들은 "…때문에"라고 말하지 않는다. 성과에 대해서는 다른 사람의 도움 없이 혼자 이룬 것이라고 생각하고, 실패에 대한 원인은 남의 탓으로 돌리는 사람과는 전혀 다른 태도와 행동을 보여준다. 모든 잘못은 자신의 책임이라고 말한다. 이런 리더를 둔 팔로워는 리더를 신뢰하고 존경할 수밖에 없다.

다섯째, 훌륭한 리더는 모든 팔로워들을 공평하게 대한다. 팔로워를 편애하지 않는다. 이들은 모든 팔로워를 동반자로 생각할 뿐 평가의 대상이라고 생각하지 않는다. 지연이든 학연이든, 직급이 높든 낮든 모든 사람을 평등하게 대한다.

팔로워의 입장에서 자만하고 겸손하지 못하며 팔로워의 공을 가로채는 리더를 위해서는 열심히 일할 동기가 생기지 않는다. 반면 자신에겐 엄격하고 팔로워에겐 관대한 리더를 둔 팔로워들은 개인과 조직의 성과향상을 위해 최선을 다할 것이 분명하다.

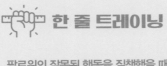 한 줄 트레이닝

팔로워의 잘못된 행동을 질책했을 때와 그때의 느낌이 어땠는지 생각해보자.

| 질책했을 때 | 느낌 또는 기분 |
|---|---|
|  |  |
|  |  |

# 뛰는 선배 위에
# 나는 후배가 있다

후배가 들어왔다. 7년 동안 후배 사원이 들어오지 않아 팀에서 궂은일을 도맡아 했던 김 과장의 입이 귀에 걸렸다. 자신의 업무 외에도 택배 수령, 잔심부름, 추석 선물 수령, 비품 관리 등 아무리 열심히 해도 티 하나 나지 않는 일을 하느라 힘들었던 김 과장은 속으로 쾌재를 불렀다.

'부디 건강하게만 있어다오.'

하지만 얼마 못 가서 그 마음은 온데간데없어졌다. 장래성도 있고 역량도 뛰어난 경력직 후배인 이 대리가 입사한 것이다. 선배로서 후배에게 애정을 보이기도 전에 이미 이 대리는 적 아닌 적이 되어버렸다.

세상이 변하고 있다. 어느새 후배가 팀장이 되고 연봉이 많아지는 '역전현상'이 주위에서 흔히 볼 수 있는 일이 되었다. 후배가 선배보다 리더에게 사랑을 받는 것은 아무것도 아니다. 능력이 더 뛰어난데 상하관계가 무슨 대수란 말인가?

이렇다 보니 허드렛일을 덜어줄 후배가 들어왔다고 마냥 좋아할 수도 없는 노릇이다. 만약 후배의 스펙이 나무랄 데 없이 우수하고 업무에 열정적이며 인간관계까지 좋은 사람이라면 걱정은 배가된다.

필자가 현직에 있을 때 회장 비서를 선발하기 위한 입사공고를 낸 적이 있는데 영어와 중국어 모두 능통한 사람이 100명이나 지원했다. 게다가 요즘 신입사원이나 대리급 직원들은 디지털 환경에 적합하도록 육성되어 오피스 능력, 정보검색 능력, 프레젠테이션 능력이 기존 사원을 능가한다. 이른바 '슈퍼 루키'가 우리 주위에 넘쳐나고 있는 것이다.

"나 같은 실력이면 합격하지 못했어"라고 말하는 선배들도 한둘이 아니다. 그러니 요즘은 후배 직원이 들어오면 기대만큼 고민도 커진다. 한마디로 뛰는 선배 위에 나는 후배가 사방 천지에 깔려 있는 것이다.

그렇다면 선배로서 '나'는 어떻게 하면 좋을까?

첫째, 지식으로 완전 무장해야 한다. 업무에 필요한 지식뿐만 아니라 리더십, 역사, 기술 등 업무와 삶에 필요한 모든 지식을 습득해야 한다. 온·오프라인 교육을 들을 수도 있고 독서도 좋은 방법이다. 스마트기기가 발달해 지식과 정보는 스마트러닝을 통해서도 손쉽게 습득이 가능하다. 또한 사회·정치·경제 분야에도 관심을 가져야 한다. 학문이란 어느 하나로만 구성되는 독립체가 아니라 여러 분야가 통합되었을 때 완전해지기 때문이다.

둘째, 글로벌 인재가 되어야 한다. 정치는 달라도 경제는 하나의 권역으로 통합되어 가고 있다. 경제권역이 하나로 통합된다는 말은 그만큼 경쟁이 치열해진다는 의미다. 글로벌 인재가 되기 위해서는 언어뿐만 아니라 세계사, 각 나라의 문화 등에 대한 기초 소양을 갖춰야 한다. 또한 경쟁력을 갖추려면 완벽하게 구사하는 외국어가 2개 이상 되어야 한다.

셋째, IT기술을 능수능란하게 활용해야 한다. 스마트기기 및 파워포인트를 효과적으로 다룰 줄 알아야 한다. 또한 프레젠테이션 기술과 기획 능력을 키워야 한다. 영어 프레젠테이션 역량을 확보하는 것도 도움이 된다.

넷째, 리더로서의 권위를 가져야 한다. 후배에게 믿고 따를 만한 사람이라고 인식시켜야 한다. 믿고 따를 만한 사람으로 인정받으려면 지식뿐만 아니라 존경받을 만한 태도를 갖춰야 한다. 올바른 성품을 가져야 하며 솔선수범해야 한다. 여기에서 중요한 것은 자신이 확보해야 할 역량이 경쟁력 있어야 한다는 것이다. 남들이 갖고 있지 않으면서 시장에서의 니즈가 현재 존재하거나 미래에 발생할 수 있는 니즈에 대응할 수 있는 핵심 역량을 가지고 있어야 한다. 자신만이 가지고 있는 핵심 역량의 특징은 다음과 같다.

- **희소성:** 누구나 손쉽게 개발할 수 있거나 확보할 수 있는 역량

이라면 높은 가치를 인정받지 못한다.

- **독창성:** 아무리 뛰어난 역량이라고 하더라도 독창성이 없다면 그 역량은 평가절하될 가능성이 높다.

- **통합성:** 자신이 갖고 있는 여러 가지 역량과 손쉽게 결합해 자기만의 새로운 역량을 개발할 수 있어야 한다. 그래야만 자기만의 독특한 역량을 만들 수 있다.

- **실행성:** 자신의 머릿속에 내재되어 있는 것만으로는 안 된다. 실무에 적용해 성과를 낼 수 있어야 한다.

## 한 줄 트레이닝

확보해야 할 역량개발 계획

| 필요 역량 | 확보 방법 | 기간 |
|---|---|---|
| | | |
| | | |

# 팔로워를
# 신뢰하라

일반적으로 상대를 신뢰하는 경우는 첫째, 실력이 있을 때다. 어떤 일이 주어져도 평균 이상의 결과물을 얻어낼 때 상대를 신뢰하게 된다. 믿고 맡길 수 있다는 신념이 생기면 상대를 믿는 것이다. 둘째, 오랫동안 관계를 유지하면서 형성된 믿음이다. 믿음은 인간관계를 맺으면서 암묵적으로 형성된다.

리더와 팔로워의 관계에서는 어떨까? 리더는 이러한 이유와 상관없이 무조건적으로 팔로워를 신뢰해야 한다. 신뢰하지 않으면 팔로워가 자신의 일에 집중하기 어렵다. 마치 마을을 순시하는 순경에게 감시당하고 있는 듯한 느낌을 가지게 되어 일에 집중할 수 없게 되는 것이다. 일제강점기 때 순경은 식민지의 국민들을 감시하던 경찰을 의미했다. 이 순경들의 역할은 마을 곳곳을 수시로 순찰하면서 선량한 국민들을 감시하고 이간질하는 것이었다.

오늘날에도 이런 순경 역할을 하는 관리자를 종종 볼 수 있다. 마을을 순찰 돌듯이 감시하는 업무환경 아래에서는 높은 업무 생산성을 기대하기 어렵다. 또한 이러한 관계가 지속되면 소통은 단절되고 팔로워도 리더를 믿지 않게 된다. 악순환의 고리가 계속해서 연결되어 조직은 침체되고 구성원들은 의욕을 잃게 된다.

팔로워를 믿지 못하는 리더의 특징은 다음과 같다.

- 일을 선뜻 맡기지 못한다.
- 일을 맡긴 후에도 자주 점검하고 확인한다.
- 일이 실패로 돌아갔을 때 책임을 팔로워에게 따져 묻는다.
- 자신을 험담하지 않는지 수시로 관찰한다.
- 리더의 눈치를 항상 살핀다.
- 팔로워들의 눈치를 살핀다.
- 업무시간에 딴짓하는 사람이 없는지 감시한다.
- 자기의 주관이 뚜렷하지 못하다.
- 팔로워와 협의하지 않는다.
- 팔로워의 공을 가로채는 경우가 많다.
- 도전적이지 못하다.
- 팔로워를 패배자로 만들려고 한다.
- 주도적으로 일하려 하지 않는다.
- 모든 것을 혼자 결정하려고 한다.
- 비전과 미션이 불분명하다.

야구경기에서 감독이 번트 사인을 내는 것은 그 선수를 신뢰하기 때문이다. 이 작전 지시는 작지만 팀의 분위기를 완전히 바꿀 수도 있다. 또한 이 작전에는 승부를 선수에게 믿고 맡긴다는 감독의 무한한 신뢰가 내포되어 있다.

조직도 이와 마찬가지다. 리더의 위치에 있는 리더가 팔로워를 무한 신뢰해야 팔로워는 리더를 믿고 따르며 새로운 업무에 도전하고 몰입할 수 있다.

신뢰는 하루아침에 형성되는 것이 아니며 오랫동안 많은 시간과 노력을 기울여야 한다. 하지만 이렇게 형성된 신뢰도 자칫하면 한방에 무너지는 경우가 있다. 따라서 한번 쌓은 신뢰는 지속적으로 유지되도록 관리해야 한다.

신뢰가 없는 관계는 항상 불안하다. 이는 마치 모래 위에 집을 짓는 것과 같기 때문이다. 신뢰를 형성하기 위해서는 기초부터 튼튼히 하는 정성을 기울여야 한다.

## 한 줄 트레이닝

**상호 신뢰를 위한 3가지 태도**
① 실패해도 그 책임을 팔로워에게 묻지 않는다.
② 칭찬을 아끼지 않는다.
③ 상대의 개인적인 문제에도 관심을 갖는다.

# 인정하기를 통해
# 상대방의 자존감을 높여라

인정은 동기를 부여하고 자신감을 갖게 하며 인간관계를 개선하는 최고의 수단이다. 리더에게 질책을 받으면 의욕이 떨어진다. 그러나 인정을 받으면 동기가 부여되고 자존감이 높아져 열심히 일하는 계기가 된다. 상대를 폄하하고 낮추면 자신의 입지가 높아질 것이라는 잘못된 관념으로 상대를 인정하기보다는 질책하고 꾸짖고 대안 없는 문제를 제기하는 사람들이 의외로 많다.

기업에서 상담실을 운영해본 필자의 상담사례를 보면 부서장과의 갈등으로 퇴직이나 전직을 고려하는 내담자가 많았다. 그 이유를 물어보면 상사가 자신을 인정해주기보다 질책이 앞서 정신적 자괴감에 빠져서 그렇다는 답변이 주를 이룬다. 이는 부하직원을 동등하게 존중해주지 않는 우리의 문화적 배경도 한몫하는 듯하다.

인정을 받는다는 것은 신뢰를 받는다는 것과 같은 의미다. 팔로워가 하는 일이 당연한 것이라고 치부해 존재 가치를 인정해주지 않는다면 조직은 상호 신뢰관계가 무너지고 팔로워는 수동적인 업무 자세를 취하게 마련이다.

인정하기의 효과는 다음과 같다.

- 팔로워 스스로의 존재 가치를 느끼게 한다.
- 본인도 인지하지 못하고 있는 능력을 알려줌으로써 보다 많은 잠재 능력을 발휘할 수 있도록 한다.
- 팔로워가 주저할 때 인정을 해줌으로써 용기를 얻도록 한다. 새로운 것에 대한 도전을 결정했을 때 행동으로 옮길 수 있도록 팔로워 스스로에게 내적동기를 부여할 수 있다.

그러면 인정하기는 어떻게 하면 좋을까? 다음과 같은 절차에 따라 인정하기를 하면 팔로워의 자존감을 높여주고 동기가 부여되어 결국 이는 개인과 조직의 성과 향상으로 연결된다.

■ 인정하기 절차

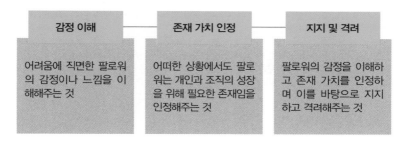

| 감정 이해 | 존재 가치 인정 | 지지 및 격려 |
|---|---|---|
| 어려움에 직면한 팔로워의 감정이나 느낌을 이해해주는 것 | 어떠한 상황에서도 팔로워는 개인과 조직의 성장을 위해 필요한 존재임을 인정해주는 것 | 팔로워의 감정을 이해하고 존재 가치를 인정하며 이를 바탕으로 지지하고 격려해주는 것 |

인정하기의 첫 번째 단계는 상대의 감정을 이해해주는 것이다. 어려움에 직면한 팔로워가 있으면 먼저 다가가 팔로워의 감정이나 느낌을 이해해준다. 여기에서 중요한 것은 팔로워가 자신의 기분이나 느낌을 말하지 않아도 항상 팔로워를 관찰해 그들의 감정상태를 체크하는 것이다.

두 번째 단계는 상대방의 존재 가치를 인정해주는 것이다. 팔로워는 매우 자존감이 떨어진 상태다. 떨어진 자존감을 높여주는 방법은 팔로워가 조직에 없어서는 안 될 소중한 존재라는 것을 인식시켜주는 것이다. 이렇게 함으로써 팔로워는 용기를 얻게 된다.

세 번째 단계는 리더의 지지와 격려다. 어떤 상황이 되어도 책임은 리더인 내가 지겠으니 걱정하지 말고 능동적으로 업무를 수행하라고 말해준다. 그리고 팔로워의 노력이나 능력에 대한 칭찬도 잊지 않으며 협력을 약속한다.

다음 사례를 읽어보면 이해가 더 쉬울 것이다.


■ 인정하기 사례

**상황**
7년 차 영업사원인 김진모 과장은 최근 개발한 VCB 신제품을 판매하기 위해 기존 거래처인 K사를 방문해 신제품의 특징과 장점 등에 설명했으나 기대와는 달리 가격 저항에 부딪혀 매우 낙담하고 돌아왔다.

**김진모 과장:** "신제품에 대한 가격 저항이 심합니다. K사는 우리 회사와 오랜 거래 관계를 맺고 있고 항상 호의적인 편인데 이번 제품에 대한 반응은 정말 의외였습니다."

| 감정 이해 | "어떤 상황에서도 실망하지 않는 김 과장이 실망한 것을 보면 많이 낙담했나 보군." |
|---|---|
| 존재 가치 인정 | "그래도 그동안 김 과장은 어떤 도전도 잘 극복해왔잖아." |
| 지지 및 격려 | "어떤 난관도 잘 극복하는 김 과장을 나는 전적으로 믿어. 내가 도와줄 테니까 심기일전해서 다시 협상해보자고." |

인정을 받는다는 것은 "당신은 최고야!"라고 인정해주는 것이다. 이보다 더 좋은 동기요인도 없을 것이다. 팔로워 역시 리더에게 인정받기 위해 다음과 같은 노력을 기울여야 한다.

- 끊임없이 자신의 역량을 개발한다. 중요한 것은 남들도 모두 손쉽게 확보할 수 있는 역량이 아니라 차별화된 독보적인 핵심 역량을 확보하는 것이다.
- 적극적이고 능동적인 태도를 취한다. 아무리 뛰어난 역량을 가지고 있다고 하더라도 이를 적극적으로 활용하고 기업의 성과 향상을 위한 일에 적용하지 않는다면 그 역량은 무용지물이 되기 십상이다.
- 자신이 수행하는 일과 관련해 리더 및 동료들과 지속적으로 소통한다. 리더는 팔로워가 어떤 일을 하고 있는지 ,어떤 성과를 내고 있는지, 어떤 어려움에 처해 있는지, 어려움이 무엇인지 소통하지 않으면 알 수 없기 때문이다.

- 창의력을 발휘한다. 경쟁자와의 경쟁에서 살아남기 위한 필수 요소는 남과 다른 독창적인 아이디어다. 창의적이지 못한 아이디어는 수요와 공급의 관점에서 보면 공급자가 많아 경쟁력을 잃기 때문이다.

 **한 줄 트레이닝**

**인정을 잘하기 위한 리더의 자세**

① 모든 팔로워는 소중한 존재라는 것을 인식한다.

② 적극적으로 상대방의 감정상태를 파악하려는 노력을 기울인다.

③ "당신은 최고야!"라는 말을 습관화한다.

# 자율

## 팔로워의 업무 수행에
## 시시콜콜 개입하지 마라

대부분의 리더는 팔로워가 하는 일에 일일이 간섭하려고 한다. 자신의 힘이 팔로워의 수와 일의 양에 의해 결정된다고 착각하곤 하기 때문이다. 수하에 5명을 거느리고 1개의 프로젝트를 진행하는 사람보다 15명을 거느리고 5개의 프로젝트를 동시에 수행하는 사람이 조직에서 더 인정받는다고 생각하는 것이다.

단지 열심히 일하는 사람이 존경받는 시대는 지났다. 이제는 자신이 수행하는 일이 기업의 경영성과에 얼마나 기여했는지가 더 중요한 시대다. 그러나 아직도 많은 리더들이 자신이 많은 팔로워를 거느리고 많은 일을 하고 있다는 것을 보여주기 위해 팔로워들의 일에 사사건건 개입하려 든다. 그래야 일이 잘 풀릴 것이라고 생각한다. 또 팔로워들이 주체적으로 업무를 수행하지 못할 거라는 불신을 가지고 모든 일에 간섭한다.

물론 팔로워를 코칭하는 것은 매우 중요하다. 그러나 간섭과 코칭은 완전히 다르다. 간섭은 불신이 바탕이 되고, 코칭은 신뢰가 바탕이 된다. 간섭은 잘되던 일도 안 되게 하는 반면, 코칭은 더 잘하도록 그 방법을 알려준다.

리더는 팔로워의 일에 개입할 때와 빠져야 할 때를 분명히 구분할 수 있어야 한다. 그렇다면 언제 빠지는 것이 좋을까?

- 팔로워의 역량이 독립적으로 업무를 수행하기에 충분할 때
- 개입이 일의 진행에 방해가 된다고 판단될 때
- 팔로워가 자신보다 더 전문적인 일을 하고 있다고 생각될 때
- 지원이 아닌 일방적 지시나 감독을 목적으로 할 때
- 여러 사람이 팀워크를 발휘해야만 성과가 도출될 때
- 창의적인 아이디어가 필요할 때

리더의 잦은 개입은 팔로워의 생산성을 저하시킬 뿐만 아니라 성장도 방해한다. 또한 이러한 팔로워가 나중에 리더가 되면 자신의 팔로워에게 똑같은 행동을 반복하게 된다(물론 성숙하지 못하고 업무에 서툰 팔로워에게 적절히 개입하는 것은 필요하다).

다만 팔로워의 업무를 방해하지 않는 수준에서 코칭과 같은 개입은 팔로워의 성장과 성과 향상에 도움이 된다. 그러면 어떤 상황에서 개입하는 것이 좋을까?

- 팔로워가 도움을 요청할 때
- 팔로워의 문제 해결 기술이 부족할 때
- 업무 수행과 관련한 지식이 부족할 때
- 확인과 검증이 필요한 업무를 수행할 때
- 코칭이 필요할 때
- 필요상 2명 이상이 업무를 진행해야 할 때
- 다른 사람의 객관적 판단을 필요로 할 때

팔로워의 업무 수행에 지속적으로 개입하게 되면 팔로워를 주체적이지 못한 사람으로 만들게 되어 결국 어떤 일도 혼자 할 수 없게 된다. 일이 잘 진행되고 있는데도 불구하고 "감 놔라, 배 놔라" 하는 식으로 시시콜콜 개입하게 되면 일의 속도를 늦추고 무엇을 해야 하는지 방향감각을 잃게 할 수 있으므로 팔로워의 일에 개입할 때는 매우 신중한 자세를 취해야 한다.

 **한 줄 트레이닝**

**팔로워를 신나게 하는 말**
① 나는 ○○○ 대리를 전적으로 믿어!
② 걱정하지 말고 추진해봐. 문제가 생기면 내가 책임질게.
③ ○○○ 과장은 꼼꼼하면서도 일을 신속하게 처리하는 능력이 있군!

# 후배를 비비불하지 말고
# 피드백하라

선배인 리더는 후배인 팔로워를 비비불(비난·비방·불평)하지 말아야 한다. 비난이란 남의 잘못이나 결점을 책잡아서 나쁘게 말하는 것을 말하고, 비방은 남을 비웃고 헐뜯는 것을 말하며, 불평이란 마음에 들지 않아 못마땅하게 여기는 것을 말한다.

유감스럽게도 우리 주위에는 이러한 리더나 동료가 의외로 많다. "…는 입만 벌리면 …를 …하는 사람이야"라고 낙인찍힌 사람들을 흔히 볼 수 있다. 리더인 당신은 누구에게든 어떤 상황에서든 후배를 비비불해서는 절대 안 되며 만약 팔로워가 잘못된 말이나 행동을 했다면 발전적 피드백 절차에 따라 상대방의 감정이 상하지 않도록 피드백해주어야 한다. 또한 잘한 행동을 했다면 긍정적 피드백을 통해 동기부여를 해주어야 한다.

피드백은 긍정적 피드백과 발전적 피드백이 있다. 긍정적 피드백은 칭찬을 말하는데, 칭찬에도 원칙과 절차가 있다. 칭찬은 당사자에게 직접적으로 하는 것보다는 다른 사람들 앞에서 공개적으로 하는 것이 좋다. 먼저 사람을 칭찬한 다음 사실을 칭찬해야 한다. 또한 칭찬에 대한 이유나 근거를 제시하면 더욱 좋다. 그래야만 자신이 무엇 때문에 칭찬받았는지를 알 수 있고 향후에 이를 더욱 강화할 수 있는 동기요인이 되기 때문이다.

사람을 칭찬하는 것은 다음과 같이 칭찬받을 사람의 태도를 칭찬하는 것이다.

"김 대리는 언제 보아도 웃는 얼굴이 참 좋아."
"이 대리는 사람들을 대할 때 항상 친절하게 대하는 태도가 멋져 보여."
"박 주임은 팀워크가 참 좋은 사람이야."
"조 대리는 항상 적극적인 모습이 보기 좋아."

사실을 칭찬하는 것은 업무적으로 잘한 점을 칭찬하는 것이다.

"박 대리가 설정한 신뢰성가속계수는 매우 정확해."
"김 대리가 관리하고 있는 R관리도는 품질관리에 매우 유용하게 활용할 수 있어."
"사장님께서 조 대리가 수립한 ○○제품 마케팅 전략에 대해 매우 흡족해하셨네."

"영업실적이 급신장한 것은 이 대리의 영업기술 덕분이야."

"김 대리, R&D전략에 대한 프레젠테이션이 참 마음에 들어."

"조 주임에게 일을 맡기면 마음이 놓여. ○○제품 품질개선 전략을 보니 손볼 것이 없더군."

또한 칭찬은 한 번에 크게 하는 것보다는 작게 나누어서 많이 칭찬하는 것이 좋다. "김 대리는 일을 참 잘해"라고 칭찬하는 것보다는 어떻게 일을 잘하는지를 구체적으로 열거하며 칭찬하는 것이다.

"김 대리는 일의 속도도 빠르고, 빠짐이 없으며, 정확하고, 간결해. 또 다른 사람들의 의견을 충분히 반영하고, 꼼꼼하게 일을 처리하는 사람이야."

반면 발전적 피드백은 다른 사람들 앞에서 하는 것은 지양해야 하며 일대일로 실시해야 한다. 발전적 피드백은 비판과 다르다. 비판은 주관이 개입된 것이며 팔로워 스스로 동기를 불러일으키는 데 도움이 되지 않는다. 비판을 받게 되면 방어적 태세를 취하게 되고 심한 모욕감을 느끼게 된다. 이런 상황에서는 긍정적인 대화가 어렵고, 효과적인 해결방안을 도출하기도 어렵다.

발전적 피드백을 하는 방법을 알아보자. 먼저 상대가 잘못한 말이나 행동을 기술하고 그 말이나 행동에 대한 자신의 느낌을 전한다. 그리고 자신의 바람, 즉 희망사항을 말함으로써 마무리된다.

■ 발전적 피드백

| 잘못한 말이나 행동 기술 | 나의 느낌 전달 | 나의 바람 전달 |
|---|---|---|
| 김 대리는 일 처리가 꼼꼼하지 못해. | 그래서 내가 참 답답할 때가 많아. | 좀 더 세부적인 계획을 수립해서 일을 처리했으면 해. |
| 박 주임이 작성한 FMEA 추진 계획서에는 차명도가 빠져 있어. | 이런 경우가 자주 발생하니 참 화가 많이 나. | 다음부터는 체크리스트를 만들어 하나하나 확인하면서 업무를 수행했으면 하네. |

　　발전적 피드백은 칭찬을 한 후 실시하며, 피드백 후에는 다시 칭찬으로 마무리해 팔로워의 마음을 달래주어야 한다. 발전적 피드백은 긍정적 피드백보다 좀 더 정교하게 실시해야 한다. 왜냐하면 잘못 피드백하면 오히려 상대방의 마음에 상처를 줄 수 있고 상호 간에 갈등을 발생시킬 수 있는 요인이 될 수 있기 때문이다.

 한 줄 트레이닝

긍정적 피드백 절차
① 상대방의 잘한 행동이나 말을 언급한다.
② 잘한 행동이 있기까지의 노력이나 능력을 언급한다.
③ 감탄과 지지 및 격려를 보낸다.

# 팔로워의 반론을
# 적극적으로 경청하라

　독선적인 리더는 팔로워의 반론을 도전으로 받아들인다. 따라서 독선적인 리더가 있으면 조직은 폐쇄적인 분위기가 팽배해 커뮤니케이션이 통제된다. 이러한 분위기에서는 그 누구도 말을 하려 하지 않는다. 리더는 말하기 전에 이미 결론을 내려놓고 명령하기를 주저하지 않는다. 리더는 자신의 생각이 가장 합리적이라는 신념을 가지고 있다. 이때 팔로워가 "틀렸다"라고 말하는 것은 신념에 대한 도전이기 때문에 이를 받아들이지 않는다. 즉 자신의 생각이 항상 옳다고 생각해 반대 의견을 절대 용납하지 않는 것이다.

　이러한 리더는 자신이 정한 답 안에서만 이야기하도록 한다. 결국 팔로워들은 불만을 갖게 되고 수동적인 태도를 견지하게 된다. 자의든 타의든 조직을 떠나는 경우도 발생한다. 답도 이미 정해진 패턴이 있기 때문에 리더의 비위에 맞는 답만 이야기하게 마련이다. 창의적인 업무를 수행하는 것은 불가능하다. 팔로워들은 사고범위를 확장할 수 없다. 틀 안에서만 사고하도록 훈련되어 있어 새로운 일에 도전하기를 꺼리며, 리더의 의중에 맞는 답과 행동만을 한다.

이러한 리더와 함께 일하는 팔로워들의 생각은 어떨까?

'내가 아무리 논리적 근거로 설득하려 해도 아예 듣지도 않을 텐데 이야기해봐야 무슨 소용이 있겠어.'

'이미 결론은 정해졌는데 말해봤자 내 입만 아프지.'

'침묵하는 것이 정답이야.'

'괜히 이야기해봤자 야단만 맞을 거야.'

'말해봐야 듣지도 않을 거면서 왜 물어봐.'

이와 같은 냉소적인 태도는 조직에 치명적인 부작용을 가져온다. 독선적인 리더들은 부정적 피드백을 받으면 자신의 잘못된 커뮤니케이션 방식을 인정하지 않고, 팔로워들을 윽박지르고 압력을 행사하는 것을 서슴지 않는다. 반론을 제기하는 팔로워에게 화를 내거나 불만을 표출하기도 한다. 이러한 상황이 지속되면 리더의 입맛에 맞는 정보만 전달되고, 조직에 도움이 되는 긍정적 정보는 공유되지 않는다. 커뮤니케이션에 심한 왜곡현상이 나타나는 것이다.

1986년 1월 우주왕복선 챌린저호가 발사 73초 만에 폭발하는 대형 참사가 발생했다. 노벨 물리학상을 받은 미국의 물리학자 리처드 파인만은 사고조사위원회의 일원이 되어 사고의 원인을 조사했다.

잔해물을 분석한 결과, 가장 직접적인 원인은 로켓부스터와 연료탱크 사이의 연결 부위에서 온도 변화에 민감한 오링$^{oring}$의 이상 기능 때문인 것으로 조사되었다. 문제는 이것만이 아니었다. 오링 전문가들이 엔진의 폭발 가능성에 대해 문제를 제기하며 2번이나 발사 연기를 요청했음에도 상층에서 무시한 것이다.

당시 나사$^{NASA}$의 조직체계는 하부의 정보나 전문지식이 상부에 원활하게 전달되는 구조가 아니었다. 이와 같이 조직 내에서 정보가 흐를 때 부정적인 정보는 걸러지고 리더의 입맛에 맞는 정보만 전달되는 현상을 '침묵효과$^{mum\ effect}$'라고 한다. 목소리가 크고 권력이 독점되어 있는 조직에서 이러한 현상이 더 자주, 더 강하게 나타난다. 결국 나사에서도 침묵효과는 해결되지 않았고, 2003년 또 다른 우주왕복선 컬럼비아호가 폭발하는 사건이 발생한다. 독단적인 리더, 독재형 리더는 조직을 망친다.

팔로워가 의견을 제시하는데 리더가 이를 무시하고 일축해버리는 현상이 지속되면 팔로워는 '말해봐야 입만 아프다', '말하면 나만 손해다'라는 생각을 하게 된다. 이런 분위기가 형성되면 리더는 떠들고 나머지는 침묵하게 된다. 의견은 물론이고 정보도 흐르지 않는다. 그러다가 꼭 알아야만 하는 중요한 정보마저 상층에 전달되지 않게 되면서 챌린저호 폭발과 같은 사건이 터지고 만다.

독선적인 리더가 있는 조직에서 더 좋은 문제 해결방안과 대안이 나올 리 만무하다. 팔로워는 자신의 생각은 없이 리더의 말에 무조건 "예, 맞습니다"라고 맞장구치기 일쑤다. 이렇게 되면 조직 내에는 "아니오"라는 말은 사라지고 "예"만 남게 된다.

성공적인 조직은 '말하기'와 '듣기'가 자유로운 구조를 가지고 있다. 자유로운 말하기가 가능할 때 조직은 성공적인 결과물을 창조할 수 있다. 당신이 훌륭한 리더라면 팔로워의 반론을 적극적으로 경청해야 한다. 특히 직급이 낮은 팔로워는 자유롭게 반론을 제기하는 것이 매우 어렵다. 건방지다거나 위계도 모르는 사람이라고 지적을 받기 십상이다.

당신이 만약 리더의 입장이라면 팔로워들의 어떤 이야기든 경청해야 한다. 옳고 그름은 경청한 다음 판단해도 늦지 않는다. 반면 당신이 팔로워의 입장이라면 리더의 질문이나 지시에 "예"라고만 대답해서도 안 된다. 생각이 다르면 자신의 생각을 거리낌 없이 이야기해야 한다. 그래야 조직이 발전하고 살아서 움직일 수 있다.

---

### 🖐️ 한 줄 트레이닝

**반론을 제시하는 사람의 태도**

① 상사가 잘못된 말이나 행동을 했다면 지체 없이 자신의 생각을 이야기한다.

② 반론을 제시할 때는 사람이 아니라 사건(일)에 대한 반론을 제시해야 한다.

③ 상대방의 의견에 대해 먼저 좋은 점을 말한 뒤 반대 의견을 말한다.

---

# 진정한 리더는
# 긍정적인 영향력을 발휘한다

리더십 전문가 존 맥스웰 박사는 "리더십은 영향력이다"라고 정의했다. 영향력이란 사람들을 변하게 하는 힘을 말한다. 여기에는 긍정적인 영향력과 부정적인 영향력이 있다. 리더는 긍정적 영향력만 행사해야 한다.

긍정적인 영향력을 미친 사람 중 대표적인 인물로는 『지도 밖으로 행군하라』, 『바람의 딸 걸어서 지구 세 바퀴 반』의 저자이자 현재 월드비전 세계시민학교 교장인 한비야가 있다. 그녀는 자신의 심장을 뛰게 하는 것은 재해와 전쟁이 일어난 지역에서의 구호활동이라고 말한다.

한비야는 〈코리아헤럴드〉와의 인터뷰에서 "가장 행복한 사람은 현장에서 자신이 진정으로 원하는 일을 하는 사람"이라고 말했다. 그녀는 "용기란 어떤 일을 시도할 때 두려워하지 않음에서 생기는 것이며 용기의 정도는 '자신이 얼마나 그 일을 하고 싶은가'라는 열정에 따라서 달라질 수 있다"라고 덧붙였다. 또한 그녀는 자신만의 인생 시간표에 맞춰서 남과 비교하지 않으면서 자신의 삶을 살아가고 있다고 말했다.

그녀는 지구촌global village이 아니라 '지구집global home'이라는 용어를 사용하면서, 다른 나라의 다른 민족들도 진정한 한 공동체 안에 있음을 강조하고 서로 도와야 한다고 말한다. 이러한 그녀의 언행은 많은 사람들에게 긍정적인 영향력을 미치고 있다.

리더란 종종 어떤 지위에 오른 사람만이 갖는 특권이라고 생각하는 사람들이 있다. 그러나 이것은 매우 잘못된 오해다. 물론 어떤 지위를 가짐으로써 영향력을 발휘하는 데 일조하는 것은 사실이다. 하지만 진정한 리더란 어떤 일에 대해 누가 얼마만큼의 긍정적인 영향력을 미치고 있는지에 따라서 결정된다. 지위가 리더를 만드는 것이 아니라 리더가 지위를 만드는 것이다.

많은 사람들이 리더가 되고 싶어 한다. 특히 자신의 자녀들이 리더가 되어 사회에 큰 영향력을 미치기를 기대하는 부모는 더더욱 많다. 많은 사람들에게 영향력을 미치는 리더가 되려면 어떻게 해야 할까? 존 맥스웰 박사는 다음과 같은 조건을 갖춰야 한다고 말한다.

첫째, 올바른 성품을 지니고 있어야 한다. 진정한 리더십은 언제나 내적인 성품에서 출발한다. 올바른 인격과 마음가짐 등 내면에 올바른 가치관을 가지고 있어야 하며 그 가치관을 잃지 않도록 노력해야 한다.

둘째, 사람들과 좋은 관계를 유지해야 한다. 자신을 따르는 사람들이 많다면 자신이 바로 리더라는 것을 증명하는 것이다. 리더가 되기 위해서는 좋은 인간관계를 형성해야 한다. 인간관계가 넓으면 넓을수록 리더십의 영향력은 커진다. 특히 다른 리더들과 좋은 관계를 유지하기 위해 노력해야 한다.

셋째, 다양한 지식을 갖춰야 한다. 정보는 리더에게 필수 불가결한 요소다. 리더는 사실관계를 명확히 알고 시시각각으로 변화하는 환경에 효과적으로 대응해야 한다. 지식이 있다고 해서 반드시 리더가 되는 것은 아니지만 지식이 없으면 리더가 될 수 없다.

넷째, 직관이 있어야 한다. 영향력을 미친다는 것은 단순히 겉으로 드러나는 자료를 잘 파악하는 것 이상의 능력을 요구한다. 즉 눈에 보이지 않는 수많은 일들도 처리해야 한다. 그러한 능력이 관리자와 리더를 구분 짓는 주된 차이 중의 하나다. 리더는 활기, 의욕, 타이밍, 추진력과 같이 눈에 보이지 않는 것들도 파악한 후 이를 활용할 수 있어야 한다. 최고 그룹의 경영자들은 주로 이 직관에 의해 의사결정을 내린다고 한다.

다섯째, 경험을 많이 쌓아야 한다. 당신은 그동안 어떤 경험을 했는가? 과거에 리더로서 경험한 것들이 많으면 많을수록 구성원들이 능력을 발휘할 수 있는 기회를 줄 가능성도 커진다. 경험이 많다고 영향력이 반드시 커지는 것은 아니지만 좋은 경험들은 리더십을 발휘하는 데 있어 리스크를 줄여준다.

여섯째, 리더로서 과거의 성공도 매우 중요하다. 지금까지 리더로서 뛰어난 성과를 올려왔다는 것은 구성원들에게 큰 신뢰감을 준다. 리더의 성공은 사람들에게 성공의 길을 걸을 수 있게 하는 나침반이 될 수 있기 때문이다.

일곱째, 역량이 뛰어나야 한다. 구성원들에게 가장 중요한 것은 리더가 할 수 있는 일이 무엇인가 하는 점이다. 구성원들은 리더가 조직을 이끌어 승리를 이루어낼 수 있는 능력이 있는가를 알고 싶어 한다. 리더에게 성공을 이끌어낼 수 있는 역량이 없다는 사실을 알면 구성원들은 리더를 더 이상 따르지 않을 것이다.

긍정적인 영향력을 발휘하라. 그가 바로 진정한 리더다. 자신이 리더라고 생각하는데 정작 따라오는 사람이 없다면 그것은 리더를 흉내 내기에 지나지 않았기 때문이다.

 **한 줄 트레이닝**

**긍정적으로 행복한 삶을 살아가기 위한 방법**

① 몰입한다: 높은 목표와 이 목표를 달성하기 위해 필요한 역량을 확보해야 한다.

② 밝은 생각을 하는 훈련을 한다: 긍정적인 말과 행동을 하고 억지로라도 웃는 연습을 한다.

③ 매사에 감사하게 생각한다: 작은 일도 감사하게 생각하는 마음을 갖는다.

# 팔로워를 리더로 키워야
# 모두가 성장할 수 있다

존 맥스웰 박사는 리더십을 크게 5단계로 나누었다. 1단계는 지위에 의해 리더십을 발휘하는 것이고, 2단계는 사람들과의 좋은 관계를 통해 리더십을 발휘하는 것이며, 3단계는 성과 창출을 통해 리더십을 발휘하는 것이고, 4단계는 팔로워를 육성함으로써 리더십을 발휘하는 것이다. 5단계는 다른 사람들에게 존경받음으로써 리더십을 발휘하는 것이다. 5단계는 마호메트, 석가모니, 윈스터 처칠, 마틴 루터 킹 목사 등 성인군자의 반열에 오른 이들이 발휘했던 매우 높은 단계의 리더십이다.

보통 사람들이 목표로 할 수 있는 최고의 리더십 단계는 몇 단계일까? 아마 4단계 팔로워 육성이 아닐까? 최고의 리더는 구성원들의 지식과 능력을 리더 자신을 추월하는 수준까지 기꺼이 개발하는 사람이다.

자신을 크게 성장할 수 있도록 멘토링을 해준 사람을 한번 떠올려보자. 그리고 그들이 어떻게 자신을 멘토링해 주었는지 생각해보자. 그리고 그들보다 더 훌륭한 멘토가 되도록 노력해보자. 자신을 위해서도 멘티를 위해서도 충분한 가치가 있는 일이다.

리더들은 구성원들에게 지시하고 가르치는 데 수없이 많은 시간을 보낸다. 그러나 구성원들에게 자신이 성장할 수 있었던 이유를 설명하라고 하면 리더들의 지시와 교육이 아니라 리더들이 평소에 하는 행동을 보고 따랐을 뿐이라고 말한다.

대부분의 사람들은 아직 완전하게 성숙한 존재가 아니다. 그렇다고 해서 이제 막 탄생한 존재도 아니다. 리더임과 동시에 팔로워인 당신은 후배를 육성할 책임이 있는 멘토임과 동시에 육성 대상인 멘티다.

후배 양성의 첫 번째 단계는 멘티들에게 모델이 되는 것이다. 1단계에서는 자신의 성과와 행동이 구성원들의 성과와 행동에 영향을 미친다는 것에 초점을 맞춘다. 여러 번 가르치는 것보다 한 번이라도 올바른 일을 하는 것이 중요하다. 사람들은 자신이 본 대로 하기 때문이다. 롤모델이 되기 위해서는 먼저 자기 자신에게 노력을 쏟아야 하며, 다른 사람들에게 노력을 쏟는 것보다 더 많이 자신에게 쏟아야 한다.

"1파인트의 모범을 보이는 것이 1갤런의 충고보다 효과적이다"라는 서양 속담처럼 다른 사람들의 본보기가 되는 것이 사람들에게 엄청난 영향을 미친다는 것을 잊지 말아야 한다.

후배 양성의 두 번째 단계는 멘토가 되는 것이다. 조직 구성원의 20%가 조직 성과의 80%를 창출한다고 한다. 구성원들을 가르치고 코칭하고 멘토링하는 것은 리더의 책임이다. 시간 투자 대비 이익율을 극대화하려면 20%에 해당하는 좋은 사람을 선발해서 시간, 에너지, 자원을 그들을 개발하는 데 써야 한다. 지금 구성원들이 성과를 달성하는 데 문제가 없다고 능력 개발을 소홀히 한다면, 언젠가 기회가 주어진다고 해도 성과를 창출할 수 없게 된다.

훌륭한 멘토가 되려면 경험과 자기성찰에서 우러나오는 지혜가 있어야 하고, 선입견 없이 말하려는 내용에 귀를 기울이며, 멘티에 대한 비밀을 지킬 수 있는 능력이 있어야 한다. 또한 자신의 삶을 개발할 능력이 있어야 하며, 서로 존중해야 하고, 인간관계도 탁월해야 한다.

후배 양성의 세 번째 단계는 멘티를 지켜보는 것이다. 이 단계에서 리더의 5가지 핵심역할은 다음과 같다.

- 원리와 원칙으로 멘티를 발전시킨다.
- 멘티가 안전한 환경에서 자신이 배운 것을 실습해볼 수 있도록 장소를 제공한다.
- 올바른 방향을 제시한다. 이를 통해서 멘티는 자신의 목적지에 도달할 수 있는 최선의 방법을 습득한다.
- 멘티가 뿌리내릴 수 있는 굳건한 기반을 제공한다.
- 멘티가 혼자서 날아오를 수 있도록 도와준다.

멘토는 이 5가지 역할을 통해 멘티가 바람직하지 않은 방향으로 가고 있다면 피드백해서 바른길로 갈 수 있도록 도와주어야 한다.

후배 양성의 네 번째 단계는 멘티가 홀로 서도록 하는 것이다. 이 단계에서는 멘티에게 충분히 권한을 위임해준다. 권한을 부여받은 사람만이 자신의 잠재력을 확실하게 발휘할 수 있다. 리더가 다른 사람에게 권한을 부여하지 못하거나 부여하지 않을 경우, 그 리더는 자신도 의식하지 못하는 사이에 구성원들이 극복할 수 없는 장벽을 조직 안에 만들고 있는 것과 같다. 그리고 그 장벽이 오랫동안 남아 있게 되면 결국 구성원들은 포기하거나 혹은 자신의 잠재력을 발휘할 수 있는 다른 조직으로 옮겨 가게 된다. 멘티가 권한을 위임받아 능력을 인정받게 되면 이는 매우 기쁜 일이며 멘토에게는 보람된 일인 것이다.

후배 양성의 다섯 번째 단계는 리더를 리드하는 것이다. 추종자들을 개발하는 리더들은 한 번에 한 사람씩 자신의 조직을 성장시킨다. 그러나 리더를 개발하는 리더들은 비교할 수 없이 큰 폭으로 조직을 성장시킨다. 리더 한 사람을 개발할 때마다 그 리더의 추종자들도 함께 개발할 수 있기 때문이다.

조직에 추종자 10명이 들어오면 10명의 힘이 추가된다. 그러나 리더 10명이 들어오면 그 리더 10명이 영향을 미치는 추종자들의 힘이 배로 추가된다.

■ 추종자를 개발하는 리더 vs. 리더를 개발하는 리더

| 추종자를 개발하는 리더 | 리더를 개발하는 리더 |
|---|---|
| · 필요한 사람이 되고자 한다. | · 승계되기를 바란다. |
| · 약점에 초점을 맞춘다. | · 강점에 초점을 맞춘다. |
| · 공정함을 추구해 모든 구성원을 동일하게 대한다. | · 리더들을 자신이 영향을 미쳐야 할 독립적인 존재로 본다. |
| · 팀에 집착한다. | · 힘을 나눠준다. |
| · 다른 사람들과 시간을 보낸다. | · 다른 사람에게 시간을 투자한다. |
| · 산술적으로 증가한다. | · 기하급수적으로 증가한다. |
| · 개인적으로 접촉한 사람들에게만 영향을 미친다. | · 자신의 손이 미치는 영역을 훨씬 넘어선 곳까지 영향을 미친다. |

 한 줄 트레이닝

멘티를 어떻게 육성할 것인지 계획을 세워보자.

| 멘티명 | 육성계획 | 기간 |
|---|---|---|
|  |  |  |
|  |  |  |

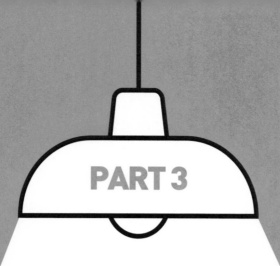

PART 3

# 관계는
# 결국 소통이다

# 좋은 관계는
# 미래를 위한 투자다

로널드 레이건은 배우 출신인 미국 전 대통령이다. 레이건 대통령이 국민에게 인기가 있었던 가장 큰 이유는 그의 설득력에 있었다. 그는 역대 대통령 중 최고로 꼽힐 정도로 연설 능력이 뛰어났다. 이러한 연설 능력과 표현력은 레이건 대통령이 국민과 좋은 관계를 맺고 국민들의 공감대를 이끌어내는 데 큰 역할을 했다.

레이건 대통령 재임 시절, 당시 비서실 차장이었던 마이클 디버는 "로널드 레이건은 내가 만난 사람 중 가장 부끄럼을 많이 타는 사람이었어요"라고 말했다. 그러나 정작 레이건 대통령은 주지사든 힘든 곳에서 일하는 육체노동자든 성미가 급한 기자든 누구든 상관없이 친절하게 대하고 교류했다고 한다.

레이건 대통령은 기본적으로 사람들을 좋아했다. 기자든 일반인이든 상관하지 않고 친절히 대해 백악관 출입 기자들은 대통령의 정책에 반대를 할 때조차 한 인간으로서 레이건 대통령을 진심으로 좋아했다고 한다. 레이건 대통령은 팀원들을 매우 아꼈으며, 비서실장이든 정원사든 식당의 요리사든 모두에게 친절하게 대해주었다.

1975년 레이건 대통령은 한 환경보호단체에서 연설을 끝내고 작은 사자 동상을 선물로 받았다. 비서 디버의 마음에도 꼭 드는 것이었다. 10년 후 디버는 퇴임사에 대한 마무리 작업을 하던 중 집무실로 오라는 레이건 대통령의 연락을 받았다. 밝은 모습으로 그를 맞이한 레이건 대통령은 "마이클, 내가 밤새 자네에게 어떤 선물을 주는 것이 가장 좋을까 생각해보니 이 사자 동상이 떠오르더군. 자네가 이 사자 동상을 좋아했던 것이 기억났어"라고 말하곤 집무실에 있던 사자 동상을 선물로 주었다. 레이건 대통령의 눈가에는 눈물이 촉촉이 맺혀 있었다. 디버는 대통령이 그 오래전의 일을 기억하고 있다는 사실이 좀처럼 믿기지 않았다. 그날 이후 사자 동상은 줄곧 디버의 자택 최고의 자리에 놓여 있었다.

부부 관계, 부모와 자식 관계, 고객과의 관계, 친구 관계, 연인 관계, 동료 관계, 리더와 팔로워의 관계 등 모든 인간관계의 바탕에는 진실이 있다. 만일 당신이 상대의 단점에 대해 비판하기보다 은폐시키거나 억눌러 참아버리는 쪽을 선택한다면 이는 진실이 아니다. 속으로는 분노에 차 있으면서 이를 겉으로 드러내지 않는다면 이 또한 진실이 아니다. 이것은 진실의 왜곡이다.

많은 사람들은 진실을 가리기 위해 치열하게 토론을 하기보다는 덮어두거나 얼버무리고 넘어간다. 그것은 현명한 처사가 아니다. 좋은 인간관계는 적당히 덮어놓고 지나가서는 결코 형성할 수 없다. 좋은 인간관계는 인간에게 자유와 평화와 행복을 선물한다.

좋은 인간관계 형성을 통해 성공적으로 기업을 일군 대표적인 인물이 있다. 작은 기업을 운영하면서도 전경련 회장을 역임한 동아쏘시오홀딩스의 강신호 회장이다. 그는 인간관계에서 다음과 같은 습관을 가지고 있다고 한다.

- 상대의 의견을 수렴하고 들어준다. 자기 주장만 하지 않고 상대가 원하는 것이 무엇인지 파악하고 들어준다.
- 상대를 존중하고 인격적으로 대한다. 아무리 낮은 직급이라도 상대를 인격적으로 배려하고 존중해준다.
- 낮은 자세로 임한다. 항상 자신을 낮추고 상대를 높여준다.
- 정중하게 예의를 갖춘다. 실력이 없는 것은 용서해도 예의가 없는 것은 용납하지 않는다.
- 상대에게 항상 감사하고 칭찬한다. 상대에게 도움을 받았다면 항상 감사하고, 좋은 일은 자주 칭찬한다.
- 자신을 잘 관리한다. 일본어, 영어, 독일어에 능통하면서도 중국어를 매일매일 하루도 거르지 않고 배운다.
- 항상 기뻐한다. 누구를 만나든 어떤 어려움에 처하든 항상 기쁜 마음으로 사람들을 대한다.

자칫 업무 중심일 수 있는 사람들이 자주 간과하는 것이 인간관계다. 좋은 인간관계를 맺는 것은 현재뿐만 아니라 미래를 위한 투자이기도 하다.

사람들과 좋은 관계를 맺는 것도 중요하지만 유지하는 것은 더욱 중요하다. 한 번 관계를 맺은 사람들과 좋은 관계를 지속적으로 유지할 수 있도록 관리할 필요가 있다.

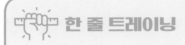 **한 줄 트레이닝**

**불편한 사람과 좋은 관계를 맺기 위한 계획**
세상을 살다보면 꽤히 불편한 상대가 있다. 그럴 땐 불편했던 이유를 찾아보고 적극적으로 해결하려는 노력이 필요하다.

| 불편한 상대 | 불편했던 이유 | 해결방안 |
|---|---|---|
| | | |
| | | |

# 지피지기

# 상대의 성향을 알고 있다면 백전백승이다

사람들은 각자의 성향에 따라 말하는 방법, 듣는 방법, 글 쓰는 방법, 의사결정 방법 등이 모두 다르다. 그래서 자신의 성향과 상대의 성향을 잘 알아두면 커뮤니케이션의 주도권을 가지고 의사소통을 통제할 수 있다.

성향이 다르다는 것은 나쁘다는 것이 아니다. 자신과 다른 성향을 상대가 가지고 있다고 해서 상대의 생각과 행동 등이 나쁘다고는 결코 말할 수 없다. 각자의 성향의 차이를 '나쁘다'라고 하면 상호 간에 갈등이 발생한다. 서로의 성향 차이는 나쁜 것이 아니라 다른 것이라고 인정할 때 서로 좋은 관계를 형성하고 유지할 수 있다.

다른 성향의 사람들을 상호 신뢰하고 배려하며 조화를 이룰 때 조직의 시너지 효과를 창출할 수 있다. 지피지기<sup>知彼知己</sup>, 즉 자신을 알고 상대를 알면 백전백승할 수 있다.

■ 행동유형 진단기준

| 성향 | 특징 | 행동유형 |
|---|---|---|
| **직설적/외향적**<br>· 빠른 속도<br>· 많이 말함<br>· 크게 말함<br>· 억양의 높낮이가 있음 | 경쟁적이고 업무 지향적: 폐쇄적, 무표정, 공식적, 결과 중심적, 일 중심, 큰소리, 도전, 변화, 자기중심 | 주도형 |
| | 말이 많고 사람 지향적: 개방적, 활기차고 따뜻한, 감정적, 허물없는, 공식적, 인정 | 사교형 |
| **간적접/내향적**<br>· 느린 속도<br>· 많이 질문함<br>· 부드럽게 말함<br>· 단조롭게 말함 | 수용적이고 실천적: 개방적, 편안하고 따뜻한, 비공식적, 협동, 검증된, 친근한, 경청하는 | 안정형 |
| | 평가적이고 사고적: 폐쇄적, 무표정, 감정표현 미흡, 격식, 공식적, 기준, 매뉴얼, 신중한, 일 중심 | 분석형 |

행동유형은 평상시의 실제 행동, 목소리나 제스처, 어휘 등을 파악해 직설적이고 외향적인데 경쟁적이고 업무 지향적이면 '주도형', 직설적이고 외향적인데 말이 많고 사람 지향적이면 '사교형', 간접적이고 내향적인데 수용적이고 실천적이면 '안정형', 간접적이고 내향적인데 평가적이고 사고적이면 '분석형'으로 나눌 수 있다.

주도형과 의사소통할 때는 직접적인 답을 주고 핵심 중심으로 간략하게 말하며 그가 원하는 결과에 관심을 갖고 사적인 덕담 등은 지양한다.

사교형과 의사소통할 때는 호의적이고 우호적인 환경을 만들어

■ 행동유형별 의사소통 특징

| 구분 | 말할 때 | 들을 때 |
|---|---|---|
| 주도형 | · 결론부터 말함<br>· 사족이 없음<br>· 말의 속도가 빠름<br>· 도전적으로 말함<br>· 직설적<br>· 자기주장이 강함 | · 부연설명이 많으면 짜증냄<br>· 결론을 낸 다음 들음<br>· 결론을 유도함: "그래서 결론은?" |
| 사교형 | · 비논리적이고 장황하게 설명함<br>· 이상적이고 재미있음<br>· 톤이 높고 말이 빠름<br>· 풍부한 어휘력을 갖춤<br>· 임기응변이 좋음 | · 감탄사/맞장구<br>· 싫어도 들어주는 척함<br>· 잘 끼어듦 |
| 안정형 | · 말수가 적음<br>· 톤이 낮음<br>· 주저주저하며 말하는 데 스트레스를 받음<br>· 새로운 것에 대한 이야기를 지양함 | · 많이 들음<br>· 듣는 것이 편함<br>· 타인을 배려함 |
| 분석형 | · 쉽게 말하지 않음<br>· 검증된 사실 중심으로 말함<br>· 논리적<br>· 비판과 비교를 자주 함 | · 비판적으로 들음<br>· 비교 분석하면서 들음 |

주고 그들의 사교적인 특성을 이해하며, 종종 일의 중요성을 인식하고 있는지 점검하면서 이야기한다.

　안정형과 의사소통할 때는 토론을 먼저 시작하지 않으므로 비공식적이고 자유로운 분위기를 조성해야 한다. 결과를 이끌어내는 데

인내심을 가져야 하고, 위협적이지 않은 방식으로 질문하고, 개인의 걱정이나 관심사항에 대해 이야기할 기회를 제공해주어야 한다.

분석형과 의사소통할 때는 논리적이고 체계적으로 말하며, 토론 전에 충분한 정보를 수집하고, 대화나 질문에서 '멈추기'를 해서 생각하고 판단할 시간을 주어야 한다. 사적인 토론은 피하고, 공식적인 의사소통을 지향해야 한다.

이와 같이 커뮤니케이션 및 대인관계에서 상대의 성향을 잘 파악해놓으면 상대방의 니즈를 충족시킴과 동시에 대화의 주도권을 가지고 효과적으로 의사소통할 수 있다.

성향을 분석하는 도구가 없어도 다양한 사람들을 만나고 겪어보면 자연스럽게 사람들의 성향을 분석할 수 있는 능력이 생긴다. 맞춤식 대화가 가능한 것이다. 만일 당신이 맞춤식 대화를 할 수 없다면 대화의 주도권을 확보할 수 없다. 상대방의 성향을 먼저 파악해 자신이 의도한 대로 의사결정을 하게 만들자.

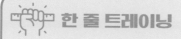

## 한 줄 트레이닝

**유형별 개선점**

① 주도형: 사람에게 관심을 갖고 느림의 미학을 이해한다.

② 사교형: 과업(일)에 좀 더 집중하고 속도를 늦추고 진중하게 생각하고 행동한다.

③ 안정형: 변화에 적극적으로 대응하는 노력을 기울이고 신속함도 중요하다는 것을 인식한다.

④ 분석형: 상대방의 직선적인 대화방식을 이해하고 좀 더 빠르게 판단하고 행동한다.

# 서로의 차이를 인정해야 윈윈(Win-Win)할 수 있다

팀을 구성하는 개인 간에는 성격, 배움의 정도, 환경 등 많은 차이가 존재한다. 이러한 차이를 서로가 인정해주어야 한다. 그렇지 않으면 갈등이 발생하기도 하고, 서로 비난하거나 비판하고 불평하는 조직문화가 나타나기도 한다. 따라서 서로의 차이를 인정하고 존중해주는 문화를 만드는 것이 중요하다.

다음은 소와 사자의 사랑 이야기다.

"어느 날 초원에서 소와 사자가 만났습니다. 사자는 소의 매력적인 모습에 첫눈에 반했습니다. 소도 사자의 멋진 모습에 첫눈에 반해버렸습니다. 둘은 서로 사랑하게 되었고 결혼까지 하게 되었습니다. 둘은 너무나 행복했습니다. 둘은 서로에게 최선을 다하기로 약속했습니다. 소는 최선을 다해서 맛있는 풀을 날마다 사자에게 대접했습니다. 사자는 풀이 싫었지만 열심히 먹었습니다. 사자도 최선을 다해서 맛있는 살코기를 날마다 소에게 대접했습니다. 소도 괴로 웠지만 참았습니다. 하지만 참을성은 한계가 있었습니다. 둘은 마주 앉아 이야기합니다. 소와 사자는 다툽니다. 둘은 끝내 헤어지고 맙 니다. 헤어졌지만 서로에게 '난 최선을 다했어'라고 말했습니다."

소가 소의 눈으로만 보고, 사자가 사자의 눈으로만 보면 그들의 세상은 소의 세상, 사자의 세상일 뿐이다. 자신을 위주로 생각하고, 상대를 생각하지 않는다면 아무리 최선을 다한다고 해도 최악의 결 과를 낳고 만다.

이러한 차이는 개인과 개인 사이에서도 발생하며 조직과 조직, 그리고 남녀 사이에서도 발생한다. 남자는 터널 시야를 가지고 있 어 앞에 있는 것만 보이며 다른 것을 바라볼 수 없다. 반면에 여자 는 서클 시야를 가지고 사방팔방을 다 볼 수 있다. 전문가들에 따르 면 여자의 시야는 남자의 6배나 된다고 한다. 여자의 망막에는 남자 보다 더 많은 수의 원추세포가 분포되어 있어서 색을 설명할 때도 더 자세하게 설명할 수 있고 주변 시야도 더 넓다고 한다.

또한 좌뇌와 우뇌 사이의 연결선이 남자보다 여자가 더 발달되 어 있어 남자는 간단명료하게 설명하고 여자는 장황하게 설명한다 고 한다. 남자는 생각이 정리되지 않으면 말을 할 수 없지만 여자는 저절로 말이 술술 잘 된다고 한다. 여자들은 전화를 받으면서도 타 이핑을 치고 전화번호를 메모한다. 남자는 한 가지 주제로만 대화가 가능하나 여자는 여러 가지 주제를 가지고 대화할 수 있는 다중트 랙법을 가지고 있다.

이와 같이 남녀 사이에도 차이가 있기 때문에 리더는 이러한 특성을 잘 이해하고 조직을 관리해야만 한다. 서로의 존재 이유나 가치에 대한 차이를 인정해주고 상대를 배려하는 순간 서로를 이해하게 되고 갈등의 폭은 좁혀지게 된다.

그러면 서로의 차이점은 어떻게 극복할 수 있을까?

- 상대의 환경을 이해한다.
- 자신의 입장을 확인한다.
- 상대의 입장을 확인한다.
- 서로의 차이점을 분석한다.
- 서로의 성향을 분석한다.
- 상대의 입장에 서본다.
- 서로의 차이점을 이해하려고 노력한다.
- 입장 차가 좁혀지지 않는 경우 제3자에게 조정을 요청한다.

차이를 인정한다는 것은 서로의 입장을 이해한다는 뜻이다. 한발 물러서서 상대의 입장에서 서로를 이해한다면 여러 갈등 요인을 최소화할 수 있고 조직의 분위기를 활성화할 수 있다.

 **한 줄 트레이닝**

**조정자의 갈등 해결 요령**

① 양측의 입장을 충분히 경청한다.

② 각각의 장단점에 대해 확인하고 정리한다.

③ 서로 윈윈하는 합의점을 찾아낸다.

# 상대의 입장에서
# 생각하라

제1차 세계대전 당시 영국 수상을 지낸 로이드 조지에게 누군가 윌슨, 올란도, 클레망소 등 잊힌 지 오래된 지도자들과 달리 변함없이 권력의 자리에 앉아 있는 비결에 대해 물었다. 그러자 조지는 낚싯바늘에 물고기의 구미에 맞는 미끼를 달아두는 방법을 배운 덕분이라고 대답했다.

미국의 반도체 회사 인텔은 인류학과 사회학 전공자, 엔지니어 등으로 구성된 연구팀을 구성해 세계 각지를 여행하며 다양한 문화에 속한 사람들의 삶과 노동의 방식을 심층 탐구한다. 잠재 고객의 일상생활을 심층적으로 관찰해 인류의 가치, 열망과 욕구, 동기를 좀 더 깊이 파헤치는 노력을 기울이고 있는 것이다.

인텔은 중국 중산층이 PC의 필요성을 절감하면서도 구매를 주저하는 이유를 조사했는데 그 이유는 바로 PC가 자녀 공부에 방해가 될 것이라는 염려 때문이었다. 이러한 연구에 기반을 두고 인텔이 중국에서 출시한 가정교육용 PC는 엄격한 중국 부모들의 니즈를 반영해 소프트웨어 잠금장치 대신 실제 자물쇠를 달아 중국에서 인기를 얻었다. 인텔은 중국에서 열쇠와 자물쇠가 지니는 권위의 중요성을 상대의 입장에서 깊게 인식한 것이다.

일본의 최북단 홋카이도에는 시에서 운영하는 아사히야마 동물원이 있다. 한때 이 동물원은 관람객들이 줄어 폐쇄 위기에 몰리기도 했다. 그러나 현재 이곳은 지역을 대표하는 관광명소로서 기적의 동물원으로 재탄생했다. 아사히야마 동물원은 어떻게 기적을 만들어낸 것일까? 그것은 바로 상대의 입장, 즉 고객의 입장에서 무엇이 중요한지 파악한 것이다.

동물원은 야생동물을 보여주는 곳이다. 다시 말해 야생동물의 매력을 보여주고 방문객들을 야생동물의 팬으로 만들어야 한다. 그러려면 무엇보다 동물들이 동물원에서 행복하게 살아야 한다. 사육사의 역할은 방문객들에게 동물들의 행복을 보여주는 것이다. 방문객이 없다면 아무리 훌륭한 번식 능력과 연구 성과도 의미가 없기 때문이다.

아사히야마 동물원 관계자들은 '동물원은 사람들이 생명의 훌륭함을 체험하는 장'이라고 재정의했고 다시 현재의 문제를 살펴보기 시작했다. "어떻게 하면 동물을 통해 관람객들이 재미를 느끼고 동물이 행복하다는 것을 느끼게 할 수 있을까?"라는 물음으로 고민하고 아이디어를 내기 시작했다.

사육사들의 목표는 아사히야마 동물원만의 전시, 감동을 주는 전시, 마음이 보이는 전시였다. 이를 통해 '동물을 사육하는 사람은 정말 따뜻한 사람이구나'라고 느끼게 하고 싶었다고 한다. 이제 그들은 더 이상 동물을 기르기만 하는 사육사가 아니다. 동물과 사람 사이의 행복을 전달하는 커뮤니케이터, 행복 전도사라고 자부한다. 아사히야마 동물원의 기적은 그들의 시선을 바꾼 데서 시작되었다. 고객의 입장에서 바라본 것이다.

그러면 상대의 입장을 어떻게 읽어낼 수 있을까?

- 상대가 원하는 것이 무엇인지 발견한다.
- 사업상 또는 개인적인 애로사항이 무엇인지 살펴본다.
- 상대가 원하는 내면의 욕구, 감정, 태도 등을 주의 깊게 살펴본다.
- 상대가 원하는 것을 통찰하고 분석해본다.
- '나라면 어떻게 했을까?' 하고 상대의 입장에 서본다.
- 상대를 이해한다.

팔로워가 리더의, 리더가 팔로워의 입장이 되어본다는 것은 상대를 이해하려는 시도이며 관계 증진과 신뢰의 초석이다. 상대의 진정한 욕구를 파악하는 것은 클라이언트를 만족시키는 지름길이자 문제 해결의 출발점이 된다는 것을 명심하자.

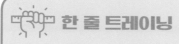 **한 줄 트레이닝**

클라이언트의 니즈를 파악하고 해결하자.

| 클라이언트의 니즈 | 해결방안 | 일정 |
|---|---|---|
|  |  |  |
|  |  |  |

# 사람들의 마음을
# 움직여라

 

 

사람들과 관계를 맺거나 누군가를 설득할 때 감성과 이성의 비율은 어느 정도일까? 감성이 크게 작용할 때도 있고 이성이 크게 작용할 때도 있을 것이다. 인간관계에는 감성과 이성이 모두 작용한다. 그런데 중요한 것은 이성과 감성의 상대적인 중요성과 무관하게 상대방의 감정의 장막을 뚫어야만 이성의 심장부로 들어갈 수 있다는 것이다.

매우 논리적이고 이성적인 사람이 상대방을 잘 설득하지 못하고 좋은 인간관계를 맺지 못해 상사나 구성원들로부터 좋은 평판을 받지 못하는 경우를 주위에서 종종 볼 수 있다. 인간의 감정이 얼마나 중요한지 모르기 때문에 이성적으로만 접근하는 것이다. 사람들과 잘 어울려 일하거나 좋은 관계를 맺기 위해서는 머리보다는 마음을 먼저 열어야 한다. 고객에게 브리핑을 할 때, 동료들과 미팅을 할 때, 자녀와 대화할 때 모두 마찬가지다.

유능한 리더나 팔로워가 되려면 사람들과 좋은 관계를 맺는 역량을 확보해야 한다. 어떤 일을 하라고 요구하거나 어떻게 나를 대해 주기를 기대하기 전에 먼저 자신의 마음을 열어야 한다. 그렇지 않고서는 상대방의 마음을 읽는 것은 불가능하다. 자신의 마음을 먼저 열어 사람들을 감성적으로 움직인 후에야 비로소 그들을 '진짜' 움직일 수 있다.

이성의 심장부에 들어가려면 먼저 감성을 벽을 뚫어야 한다. 그러면 어떻게 해야 사람들의 마음을 움직일 수 있을까?

첫째, 피그말리온Pygmalion 효과를 실천하라. "나는 도전정신이 강하다", "나는 무엇이든 잘할 수 있다", "나는 매사에 긍정적인 사람이다"라고 자기 자신에게 먼저 긍정과 열정의 힘을 불어넣는 것이 필요하다. 사람들은 열정이 없고 부정적이며 자신감이 없는 사람에게 주의를 기울이지 않는다. 자신감을 갖고 스스로를 믿어야 한다. 자기 자신을 긍정하지 않고 확신에 찬 용기가 없다면 누가 당신을 신뢰하고 따를 것인가?

둘째, 솔직하고 진실한 자세로 사람들을 대하라. 아무리 멀리 떨어져 있어도 '거짓'에는 냄새가 난다. 전설적인 미식축구 감독 빌 월쉬는 이렇게 말했다.

"진실하게 사람을 대하는 것만큼 효과적인 것은 없다. 반대로 거짓으로 대하는 것만큼 해로운 것도 없다."

진실한 자세로 상대방을 대하라. 진실은 소통의 통로다. 진실로 대하기 위해서는 사람들을 잘 알아야 한다. 사람을 안다는 것은 그 사람의 과거의 경험, 일, 그리고 내면의 감정까지 안다는 것이다. 자신의 관심이 중요한 것이 아니라 팀원의 관심이 무엇인지 귀 기울이는 것이 중요하다. 내가 좋아하는 것에 관심을 갖는 것이 아니라 사람들이 좋아하는 것에 관심을 가져야 한다. 내가 상대에게 관심을 갖고 잘 아는 것만큼 사람들도 나에 대해 관심을 가질 것이다.

셋째, 자신이 말한 것은 반드시 실천하라. 리더든 팔로워든 자신의 역할을 충실히 하기 위해서 가장 중요한 일은 자신이 말한 것을 반드시 행동으로 옮겨야 한다는 것이다. 상호 신뢰는 바로 여기서 출발한다. 언행일치를 하지 않으면 그 관계는 오래가지 못한다.

넷째, 방향과 희망을 제시하라. 만약 당신이 리더라면, 팔로워들은 당신이 자신의 목표 달성을 도와주기를 기대할 것이다. 나폴레옹은 "리더는 희망을 다루는 사람이다"라고 말했다. 당신이 사람들에게 희망을 준다는 것은 '미래'를 주는 것이다. 방향을 제시해준다는 것은 상대방이 목적지까지 가장 빠른 시간에 도착할 수 있게 해주는 모터보트이자 나침반과 같은 역할을 한다.

다섯째, 개인적인 문제 해결에 귀를 기울여라. 비즈니스의 목적은 성과 창출이다. 따라서 대부분의 사람들은 비즈니스에 관련된 이야기에 집중하고 상대방의 비즈니스 달성과 관련된 문제 해결에 초점을 맞추는 경우가 많다. 그런데 이렇게 하면 상대방을 감동시키는 것은 한계가 있다. 여기서 더 나아가 개인적인 문제에 관심을 갖고 이를 해결하는 데 지원해줘야 한다. 예를 들어 자녀의 진학 문제나 부모의 병환, 결혼 등 개인적인 문제 해결에 관심을 보이면 그들을 감동시킬 수 있으며 의외로 비즈니스 문제를 손쉽게 해결할 수 있는 실마리를 찾을 수 있다.

여기에서 제시한 5가지 방법은 인간관계를 형성하는 데 매우 효과적인 방법들이다. 좋은 관계를 형성하는 데는 상대의 아픔에 공감하거나 안부메일을 보내거나 생일을 축하하거나 인사를 하는 등 사소해 보이는 일들부터 실행에 옮기는 것이 필요하다. 그것이 감성의 벽을 뚫고 이성의 심장부에 진입하는 가장 효과적인 지름길이다.

## 한 줄 트레이닝

직원들의 개인적인 문제를 파악하고 지원해주자.

| 이름 | 개인적인 문제 | 지원방법 |
|------|---------------|----------|
|      |               |          |
|      |               |          |

# 공감적 경청이
# 대화의 성패를 좌우한다

조직생활의 필수 요소는 커뮤니케이션을 잘하는 것이다. 조직에서 발생하는 여러 문제들을 해결하기 위해선 끊임없이 커뮤니케이션을 해야 한다. 여기서 가장 중요한 것은 상대방의 이야기를 적극적으로 경청하는 것이다.

그런데 생물리적으로 인간은 1분에 약 200~250개의 단어를 말할 수 있고 400~450개의 단어를 들을 수 있다고 한다. 따라서 상대방의 말을 경청하기보다는 자신의 생각을 먼저 말하는 것이 편해서 상대방의 이야기를 잘 귀담아듣지 않는 경우가 많다. 이렇게 되면 커뮤니케이션이 되지 않고 자신의 생각을 일방적으로 전달하고 대화가 종료되는 경우가 많다.

커뮤니케이션이란 송신자와 수신자가 글이나 말 또는 보디랭귀지를 활용해 상호 메시지를 주고받는 것을 말한다. 상대방의 이야기를 경청하지 않으면 대화는 단절되고 상호 정보교환체계가 마비되어 버린다.

공감적 경청에 대해 이해하고 실행하려면 먼저 듣기의 수준에 대한 이해가 필요하다. 듣기의 수준은 다음과 같다.

■ 듣기의 수준

| | |
|---|---|
| **1단계**<br>(들리다,<br>Hearing) | 주의를 기울이지 않은 채 단순히 듣기만 하는 것으로, 그저 들리고 있을 뿐이다. 소리를 인지하는 것, 청각기관을 활용해 소리를 감지하는 것이다. 아무런 감정이나 반응 없이 아이의 울음소리를 들었다면 1단계에 속한다.<br>- 이야기의 내용을 듣는다.(Fact) |
| **2단계**<br>(듣다,<br>Listening) | 듣기 위해 좀 더 가까이 다가가 주의를 기울여 듣는 것으로, 단순히 듣는 것 이상이다. 듣는 과정에서 말하는 사람의 표정, 몸짓, 목소리와 어조의 패턴, 몸짓언어, 그리고 감정 등을 이해하고 주의를 기울여 듣는 행위다. 아이의 울음소리를 듣고 아이의 감정상태가 어떤지 생각했다면 2단계에 속한다.<br>- 기분과 마음의 움직임을 듣는다.(Emotion) |
| **3단계**<br>(경청하다,<br>Attentiveness) | 습관적으로 주의 깊게 마음을 쓰는 것이다. 상대의 이야기를 들으면서 생각하고 친절하고 예의 있는 자세를 보이며 끊임없이 상대를 위하는 행위를 말한다. 아이의 울음소리를 듣고 아이를 위해 뭔가를 해야겠다고 생각했다면 3단계에 속한다.<br>- 이해도, 의욕, 기대사항을 듣는다.(Needs) |

각 단계의 예시를 살펴보면 다음과 같다.

**상황**
3년 차 영업사원인 K는 최근 개발된 신제품 출시와 더불어 흥분된 마음으로 기존 거래처인 P사 구매부를 방문해 상담에 임했으나 기대와는 달리 가격 저항에 부딪혀 오늘 있었던 상담에서 크게 실망했다.

**영업 사원 K:** "신제품에 대한 가격 저항이 심합니다. P사는 우리 회사와 오랜 신뢰관계를 맺고 있어 항상 호의적인 편인데 이번 제품에 대한 반응은 정말 의외였습니다."

| 1단계 | "P사의 가격 저항이 심했군!" |
|---|---|
| 2단계 | "예기치 않은 가격 저항으로 크게 실망했군!" |
| 3단계 | "이러한 문제를 해결할 수 있는 좋은 방법이 없을까?" |

커뮤니케이션에서 가장 중요한 것은 2단계 이상인 공감적 경청이다. 공감적 경청이란 상대방의 입장에서 겉으로 드러난 상대방의 말과 행동뿐만 아니라 보이지 않는 내면의 감정, 속마음까지 자세히 읽고 말해주는 것이다.

공감적 경청을 잘하기 위해선 ① 상대방의 입장에 서고, ② 표면적으로 주고받은 사실보다 내면에 담긴 의미와 기분을 듣고, ③ 상대방의 이야기를 듣고 그 이야기를 내가 어떻게 알아들었는가를 상대방에게 확인시킨 다음 내 이야기를 해야 한다.

■ 공감적 경청 사례

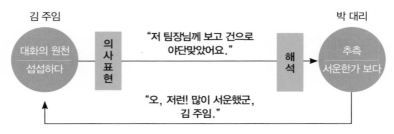

보고 건으로 팀장에게 야단맞고 온 김 주임이 박 대리에 투덜댄다.

어느 날 보고 건으로 팀장에게 야단맞고 돌아온 김 주임이 박 대리에게 투덜댄다. 김 주임이 투덜대는 이유는 서운한 마음이 있어서다. 이때 "야단맞을 짓을 했군"이라고 말해서는 안 된다. 섭섭한 마음을 위로받고 싶은 것이 김 주임의 속마음이므로 "오, 저런. 웬만해선 화를 내지 않는 김 주임이 투덜대는 것을 보니 많이 서운한가 보군"이라고 말해야 한다. 이것이 공감적 경청이다. 공감적 경청이란 상대방의 말과 행동에 대한 잘못을 따지기 위해 듣는 과정이 아니라 상대방의 느낌이나 감정 또는 기분을 그대로 공유해주어 화나거나 서운하거나 답답한 마음 등을 진정시켜주는 것이다.

구체적인 공감적 경청 절차는 다음과 같다.

■ **공감적 경청 절차**

| **1단계**<br>(Inviting) | 경청할 준비가 되어 있음을 언어적/비언어적으로 보여준다.<br>예) "김 대리에게 할 얘기가 있는데 언제가 좋겠어?" |
| --- | --- |

| **2단계**<br>(Listening) | 듣고 관찰하고 격려하고 기억함. 언어적/비언어적 요소를 사용한다.<br>예) "그래, 나도 김 대리의 얘기에 공감해." |
| --- | --- |

| **3단계**<br>(Responding) | 상대가 말한 것을 이해하고 있다는 것을 표현한다.<br>– 확인하기, 질문하기 |
| --- | --- |

1단계는 상대방에게 경청할 준비가 되어 있음을 보여주는 것이다. 경청할 분위기가 조성되지 않으면 상대방은 속마음은 드러내지 않고 숨기기 때문이다.

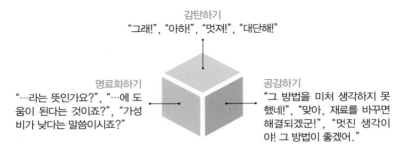

2단계는 언어적(말·글), 비언어적(제스처 등 보디랭귀지) 도구를 활용해 상대방의 말이나 행동을 주의 깊게 살펴보는 것이다. 주의 깊게 살펴보지 않으면 겉으로 드러난 말과 행동만 파악할 수 있고 속마음을 알 수 없기 때문이다.

3단계는 상대가 말하고 있는 것을 내가 알아들었다고 표현해주는 것이다. 이는 확인하기 질문을 통해 가능하다. 확인하기 질문은 내가 상대방의 이야기를 정확히 들었다는 것을 상대방에게 확인시켜주고 적극적으로 상대방의 이야기를 경청하고 있다는 것을 상대방에게 알려주는 데 목적이 있다. 예를 들어 "○○○ 씨의 이야기는 3/4분기 산둥성 매출순이익이 줄어들고 있는 원인이 아직 명확하게 파악되지 않았다는 이야기지요?"라고 상대가 한 말을 요약 정리해 다시 질문해보는 것이다.

공감적 경청 없이 일방적으로 자신의 이야기를 전달하는 것은 대화를 거부하겠다는 말과 같다. 조직이 원활한 커뮤니케이션을 하지 못하면 문제를 해결하거나 새로운 일을 시도하기 어렵다. 조직 구성원이 입을 다물고 침묵하는 '침묵의 덫'에 빠지기 않도록 조심하자.

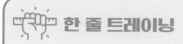 **한 줄 트레이닝**

**공감적 경청을 위한 팁**

① '결론'을 이미 정하고 대화하는 습관을 버린다.

② 상대방의 미간을 바라보면서 대화한다.

③ 맞장구나 확인하기 질문 등으로 상대방의 말에 적극적으로 반응한다.

# 설득의 달인이
# 되라

우리 주변에서 사회적으로 성공했다고 하는 사람들의 특성을 살펴보자. 그들은 공통적으로 열심히 노력하고 남과 다른 독창적인 아이디어를 십분 발휘하며 사람들을 잘 설득한다는 특성이 있다.

로널드 레이건 미국 전 대통령, 윈스턴 처칠 영국 전 수상, 잭 웰치 제너럴 일렉트릭 전 CEO, 스티브 잡스 애플 전 CEO 등 무수히 많은 유명인사들은 한결같이 언어의 마술사였다. 이들은 상대를 설득할 때 상대가 어떤 욕구를 가지고 있는지를 먼저 명확히 파악했다.

설득이란 상대가 자신이 의도한 대로 따르도록 하는 과정을 말한다. 그러려면 반드시 상대에게 어떠한 형태로든 이익을 제공해야 가능하다.

어느 날 A라는 친구가 급전이 필요해 어렸을 적 친구인 B를 10여

■ 설득과 욕구

설득 = 상대방의 이익

경제적 이익,
만족감, 쾌감,
자존심, 존경 등

년 만에 찾아왔다. A는 빌릴 돈을 변제할 능력이 전혀 없는 사람이다. 그런데 B는 A가 향후에 변제할 능력이 없음을 알고도 흔쾌히 A에게 돈을 빌려준다. 되돌려 받지도 못할 돈을 B는 왜 빌려준 것일까? 비록 돈을 되돌려 받지 못할지라도 대신 어려운 친구에게 선의를 베풀었다는 명성을 얻을 수 있었기 때문이다. 이는 금전적인 보상 이외의 다른 보상이 B라는 친구에게 주어진 것이라 할 수 있다.

상대를 설득하기 위한 첫걸음은 상대가 무엇을 필요로 하는지 욕구를 파악하는 것으로부터 출발한다. 설득 과정은 다음과 같다.

**1단계:** 상대가 원하는 욕구가 무엇인지 파악한다. 눈에 보이는 욕구뿐만 아니라 내면의 욕구까지 파악해야 한다.
**2단계:** 욕구를 실행할 수 있는 최적의 해결방안을 도출하고 실행한다.
**3단계:** 욕구가 충족되었는지 모니터링을 한다. 욕구가 충족되지 않았을 때는 욕구를 다시 파악해 이를 충족시킨다.

설득 과정을 참고해 설득 방법도 알아보자. 첫 번째 설득 방법은 '위협 설득'이다. 힘을 이용해 타인이나 집단을 강력하게 설득하거나, 설득당하지 않으면 안 될 정도의 상황을 조성해가는 방법이다. 이 설득 방법은 '힘'이 원천이며 설득의 효과가 매우 빠르다는 것이 특징이다. 타인의 명령과 지시에 잘 따르거나 종속본능이 강한 사람은 이 방법으로 쉽게 설득된다. 이러한 위협 설득은 기업이 소비자가 인지하지 못하는 교묘한 방법을 사용해 광고 등에 활용하기도 한다. 예를 들면 "이 약을 먹지 않으면 당신의 피부 노화가 촉진된다. 하루에 3번 복용하라!"와 같은 광고 카피를 들 수 있다.

두 번째 설득 방법은 '이론 설득'이다. 상대와 이론적으로 대화를 전개해가는 방법이다. 위협 설득과 상반되는 방법으로, 행동으로 연계되지 못하고 단순한 논쟁에 머무르는 경우도 발생하지만 민주적인 설득 방법이라는 점에서 환영받는다. 독재형 리더 밑에는 한두 사람의 이론 설득 전문가가 필요하다.

세 번째 설득 방법은 '손익 설득'이다. 상대의 이해타산에 호소해 설득하는 방법으로, 일명 '유도형 설득'이라고도 한다. 손익에 민감한 사람에게 효과적이나, 이해관계를 종합적으로 분석해 설득해야 하기 때문에 깊은 통찰력이 없으면 성공하기 어렵다.

네 번째 설득 방법은 '감정 설득'이다. 상대의 감정에 호소하는 방법으로 오로지 감정과 관련된 의리, 인정, 동정을 자극해 활용한다. 즉 상대가 자신에게 감정적으로 휘둘리도록 만들어서 종속시키는 형태의 설득 방법을 말한다. '은혜에 대한 빚 갚음'을 활용하는 설득으로 우리 민족의 정서에 맞는 설득 방법이다.

마지막 설득 방법은 '심리 설득'이다. 심리 설득은 상황에 따라 앞의 4가지 설득 방법을 자유롭게 구사하는 것이다. 심리 설득을 하는 사람은 개인보다 집단을 우선시하며 현대에서 가장 이상적으로 여기는 리더의 설득 모델이다. 석가모니, 예수, 마호메트 등이 이 심리 설득에 매우 뛰어난 역량을 가지고 있었다.

다시 말하지만 설득의 기본사고는 윈윈<sup>Win-Win</sup>하는 것이다. 즉 자신에게도 이익이 되고 상대에게도 이익이 되는 것이 무엇인지를 찾아내는 것이 설득의 출발점이다. 자신에게는 이익이 되는데 상대에게는 아무런 도움이 되지 않거나, 상대에게는 이익이 되는데 자신에게는 아무런 도움이 되지 않는 것은 바람직한 설득이 될 수 없다.

설득에서 가장 근본이 되는 것이 바로 '퍼스널리티<sup>personality</sup>'다. 설득은 말하는 사람의 인격적 됨됨이, 성실함 등이 바탕이 되어야 한다. 단순히 말을 잘한다고 해서 상대를 쉽게 설득할 수 없다. 말하는 사람에게 퍼스널리티가 없으면 한 번 정도 우연히 상대를 설득할 수 있을지는 몰라도 지속적으로 상대와 좋은 관계를 유지하기는 어렵다.

 **한 줄 트레이닝**

**욕구파악 방법**

① 관찰: 이해관계자의 욕구가 무엇인지 관찰기록지를 만들어 주기적으로 기록한다.

② 질문: 열린 질문, 미래형 질문 등 여러 가지 질문 방법을 활용해 파악한다.

③ 탐문: 이해관계자의 주변 지인들에게 물어본다.

④ 탐색: SNS나 인터넷 매체 등을 활용해 탐색해본다.

# 상대를 설득하고 싶다면
# 스토리텔러가 되라

이야기를 잘하는 사람도 잘 들어주는 사람이 있어야 가능하다. 따라서 뛰어난 스토리텔러가 되려면 먼저 다른 사람의 이야기를 잘 들어주는 사람이 되어야 한다. 경험이 많지 않은 사람들은 문제를 해결할 때 사실에만 집중한다. 하지만 사실만을 전달하면 상대를 설득하는 데 한계가 있다. 사람들은 스토리가 어우러진 사실을 더 신뢰한다. 따라서 사실에 스토리를 더하면 상대를 설득하는 데 매우 유용하다. 스토리의 구성에 따라 상대를 나쁜 사람으로 만들 수도, 좋은 사람으로 만들 수도 있다. 사실은 무슨 일이 일어났는지 현재의 상황 그대로를 말한다. 그러나 사실에 스토리의 맥락을 부여하면 더 크게 의미가 확장되어 상대를 설득하기 쉬워진다.

당신이 어느 정도 삶의 경험이 있다면 사실에 스토리의 핵심 맥락을 더해 설득의 스토리를 구성할 수 있는 자질과 역량이 충분하다. 스토리텔러로서의 자격이 충분하다는 것이다. 사실적인 경험에 스토리텔링의 옷을 입힐 수만 있다면 당신도 설득의 장인이 될 수 있다.

스토리에서 사실을 빼놓고 이야기할 수 없지만 사실만으로는 아무런 감동을 줄 수 없다. 피로회복제로 각광을 받고 있는 박카스는 일정 기간 동안 광고 금지 대상이 되었다가 해제되면서 기존 광고와 달리 보통 사람들을 모델로 하는 휴먼 광고 콘셉트로 광고계에 복귀했다. 박카스가 피로회복에 도움을 주는 음료인 것은 사실이다. 그런데 실제 광고에서는 단순히 사실만 전달한 것이 아니라 사실에 스토리의 옷을 입혔다. 특히 환경미화원 편에서는 실제 환경미화원을 등장시켜 아버지와 아들이 서로를 돕고 격려해주는 감동 콘셉트로 많은 이들이 박카스에 관심을 갖게 만들었다. 이 광고는 박카스 매출 향상에 막대한 영향을 미쳤다.

이처럼 스토리텔링은 좀 더 효과적으로 상대를 설득할 수 있다. 스토리텔링에는 주제가 있어야 하며, 주제와 관련된 등장인물이 있어야 하고, 등장인물 간의 갈등이 있어야 한다. 그리고 이야기를 구성하는 줄거리인 플롯plot이 있어야 한다.

그러면 스토리텔링을 잘하려면 어떻게 해야 할까?

첫째, 해박한 지식이 있어야 한다. 역사·음식·연극·음악·고전·소설 등 분야를 가리지 않고 다양한 분야의 해박한 지식이 필요하다. 텔레비전에 나오는 패널들을 보면 매우 다양한 분야의 지식을 갖고 있다는 사실을 알 수 있다. 그뿐만 아니라 주제에 상관없이 달변가인 사람들도 있다. 모든 것은 그들이 현실에서 다양한 경험과 아울러 다방면에서 지식을 쌓고 노력을 기울인 결과라고 할 수 있다.

둘째, 핵심 메시지를 잘 끄집어내 반영할 수 있어야 한다. 이야기가 이야기로 그치지 않고 상대를 설득할 수 있는 스토리가 되려면 그 이야기의 핵심 메시지를 잘 뽑아내 스토리에 녹여낼 수 있어야 한다. 장황하게 이야기만 늘어놓으면 무엇을 말하려고 하는지 상대가 알 수 없기 때문이다.

셋째, 호기심이 많아야 한다. 평소 생활하면서 조금만 관심을 기울이면 얼마든지 재미있는 이야기를 찾을 수 있다. 대표적인 소셜 네트워크 서비스인 페이스북과 인스타그램, 카카오톡, 텔레비전의 개그 프로그램, 포털 사이트 등에서도 스토리텔링할 수 있는 요소나 주제들을 얼마든지 찾아낼 수 있다. 호기심만 있으면 된다.

넷째, 생생함이 있어야 한다. "담배는 폐에 나쁜 영향을 주어 암 등을 유발시키는 매우 해로운 물질입니다. 그러니 담배를 끊으십시오." 이 말에는 생생함이 없다. 몸에 좋지 않다는 것은 알 수 있으나 직접적인 반응을 일으키기는 힘들다. 몸에 좋지 않다는 문구와 함께 시커멓게 담배 연기에 찌든 폐 사진이나 흡연의 해로움을 상징하는 사진 등을 직접 보여주면 아마 많은 사람들이 담배를 끊겠다고 마음먹을 것이다. 단순한 문구에 생생함이 더해졌기 때문이다.

탁월한 스토리텔러가 되는 최선의 방법은 많은 이야기를 듣고 정리하고 이를 바탕으로 스토리를 만들어 사람들에게 들려주는 것이다. 그럼으로써 점점 스토리텔러로 변해가는 자신의 모습을 볼 수 있을 것이다.

 한 줄 트레이닝

**스토리텔링을 잘하면 얻을 수 있는 이점**

① 사람들이 나의 말에 귀를 기울인다.

② 이해관계자들을 효과적으로 설득할 수 있다.

③ 주위 사람들로부터 좋은 평판을 얻을 수 있다.

# 상대를 적으로
# 만들지 마라

인생의 적을 만드는 방법은 매우 간단하다. 관계를 맺고 있는 사람들의 의견을 철저히 무시하라. 불쾌한 감정으로 반응하라. 차이점을 인정하지 말고 "당신의 의견이 틀렸다"라고 말하라. 그리고 "내 의견이 가장 옳다"라고 이야기하라.

이런 것들이 바로 '내 인생의 적'을 만드는 가장 확실한 방법이다. 그들의 지성, 판단, 자존심을 상하게 했기 때문이다. 그렇게 되면 그들도 나에게 반격할 준비를 하고 있을 것이 분명하다.

상대를 적으로 생각하거나 적으로 만들면 그다음에 관계를 회복한다는 것은 거의 불가능하다. "내 생각이 이러하니 이 방법이 가장 옳습니다. 그러니 이 방법을 따르세요"라고 말하면 이는 "당신의 생각은 모두 틀렸습니다"라고 말하는 것과 같다. 이것은 상대의 입장에선 일종의 도전인 셈이다. 상대에게 나쁜 감정만 쌓이게 하고, 싸우고 싶어지게 만들 뿐이다.

부드러운 분위기 속에서 다정다감하게 이야기한다 해도 상대가 자신의 의견에 공감하게 하는 것은 매우 어려운 일이다. 굳이 일을 더 어렵게 만들 필요가 있는가? 상대의 감정을 상하게 해 자신에게 불리하게 상황을 만들 필요가 있는가? 무언가를 상대에게 증명하고 싶다면 상대가 알아차리지 못하도록 아주 교묘하면서도 재치 있게 대응해야 한다.

감정계좌가 플러스가 되느냐 마이너스가 되느냐는 전적으로 자신에게 달려 있다. 상대를 나의 전도사로 만들면 상대방의 감정계좌가 플러스가 될 것이고 적으로 만들면 마이너스 계좌가 될 것이다. 플러스 계좌를 만드는 것은 어렵지만 마이너스 계좌를 만드는 것은 한순간이다.

인생의 적을 만들지 않고 좋은 관계를 형성하고 유지하려면 다음의 방법을 따라 해보라.

첫째, 어떤 사람이 "당신 생각이 틀린 것 같습니다"라고 말하거나 또는 실제로 틀린 말을 하더라도 "그렇군요. 제 생각은 이렇습니다만 이 생각이 틀렸을 수도 있겠군요. 그렇다면 다시 한 번 검토해보도록 하겠습니다"라고 말해보자. "이 문제를 다시 한 번 검토해보겠습니다"라는 말은 상대의 자존심을 살려주면서 자신의 의견을 관철할 수 있는 마법의 문장이다. 이 세상의 어느 누구도 "제 생각이 틀렸을 수도 있습니다. 다시 한 번 검토해보도록 하겠습니다"라는 말에 이의를 제기할 사람은 없을 것이다.

둘째, 태생적·환경적 요인에 의해 성격이나 행동방식이 각자 다르다는 것을 인식해야 한다. 상대와 자신의 생각에 차이가 있다고 해서 상대의 생각이 틀리거나 나쁜 것은 아니다. 상대의 생각이나 나의 생각은 무수히 많은 생각들 중 하나일 뿐이다. 따라서 의견의 차이가 있을 때는 "당신의 생각이 틀렸습니다"라고 하지 말고 제3의 대안을 찾는 노력을 하는 것이 중요하다.

셋째, 맨 처음 본능적으로 떠오르는 느낌을 깊은 생각 없이 말해서는 안 된다. 의견의 차이가 발생할 경우 우리가 가장 본능적으로 취하는 반응은 자신을 변호하려고 하는 방어체계다. 이것을 조심해야 한다. 본능적으로 떠오르는 생각이 맞을 수도 있지만 틀릴 가능성도 많다. 경험이 많은 사람이라면 본능적인 생각이 옳을 확률이 높지만 경험이 많지 않은 사람이라면 틀릴 가능성이 높다. 일단은 감정을 가라앉히며 상황을 파악하고 분석한 후 자신의 생각을 이야기해도 늦지 않다. 자칫 최선을 선택하려고 한 것이 최악의 결과를 낳을 수도 있다는 사실을 명심해야 한다.

넷째, 논쟁을 피하고 가능한 한 상대에게 양보하는 것이 좋다. 그리고 그들을 위해 최선을 다해 도와주어라. 모두가 패배자가 되는 확실한 길은 양보하지 않고 서로 논쟁하는 것이다. 논쟁을 피하고 서로 양보하는 것이 좋은 결과를 얻을 수 있는 최선의 길이다.

다섯째, 먼저 상대의 이야기에 귀를 기울여야 한다. 사람들은 1분 동안 약 250개 단어를 말하고 약 450개 단어를 들을 수 있다고 한다. 그래서 사람들은 상대의 이야기를 경청하기보다는 자신의 이야기를 먼저 하려고 하는 경향이 있다. 그만큼 상대의 이야기를 경청하는 일은 매우 어려운 일이다. 하지만 어렵기 때문에 그만큼 가치가 있는 것이다.

여섯째, 상대의 말을 방해하거나 가로막아선 안 된다. 말을 가로막는 것은 서로에게 장애물만 남겨놓을 뿐이다. 이해의 다리를 만들도록 노력하라. 먼저 상대의 이야기를 온몸으로 경청하라. 그다음에 자신의 생각을 이야기하라. 그리고 상대의 이야기에 감사의 마음을 항상 표현하라. 이런 방법들을 잘 활용하면 살아가면서 상대를 모두 내 편으로 만들지는 못하더라도 최소한 적을 만들지는 않을 것이다.

일곱째, 공개적인 자리에서 상대방을 비난하거나 문제를 제기하지 마라. 업무를 하다 보면 상대방의 문제가 업무 수행에 방해가 되는 경우가 있다. 그런데 이때 공개적인 자리에서 "…부서의 …문제 때문에 일을 할 수 없습니다"라고 비난하거나 문제를 제기하면 관계만 악화될 뿐이다. 왜냐하면 상대방이 자존감에 큰 상처를 입을 수 있기 때문이다.

그동안 저축해놓은 감정계좌에서 돈이 빠져나가는 일은 순식간에 일어난다. 그러나 한번 빠져나간 돈을 채우는 일은 무척 어렵다. 회사를 그만두는 그날까지 최선을 다해 저축을 해도 감정계좌를 모두 채울 수 있을지는 알 수 없는 일이다.

 **한 줄 트레이닝**

**상대방 또는 상대 부서에 문제가 있을 때 문제를 해결하는 방법**

① 문제의 원인이 정말로 상대(부서)에 있는 것인지 명확히 파악한다.

② 만일 상대에게 문제가 있다면 먼저 개인적으로 문제점을 알려준다.

③ 그리고 서로 윈윈(Win-Win)할 수 있는 문제 해결방안을 모색해본다.

# 질문은
# 모든 문제 해결의 통로다

대부분의 직장인들에게 부족한 것 중의 하나가 질문하는 기술이다. 주로 질문을 받고 이를 실행하는 입장이었다면 더더욱 질문 기술이 부족하다. 그러나 질문은 사람들과의 대화에서 매우 중요한 기술이다. 왜냐하면 질문을 통해 상대의 생각이나 아이디어, 문제 등을 발견하는 데 큰 도움을 얻을 수 있기 때문이다.

질문의 형태는 분류 방법에 따라 '과거형 질문 vs. 미래형 질문', '부정형 질문 vs. 긍정형 질문', '폐쇄형 질문 vs. 개방형 질문' 등이 있다. 과거형 질문, 부정형 질문, 폐쇄형 질문은 지양하는 것이 좋다. 과거형 질문은 주로 잘못을 따지는 질문이고 부정형 질문은 부정적인 답변을 주로 유도하는 질문이기 때문이다. 폐쇄형 질문도 답변하는 사람의 생각을 제한하는 질문이기 때문에 가능하다면 미래형 질문, 긍정형 질문, 개방형 질문을 해야 한다.

특히 중요한 것은 개방형 질문을 많이 하는 것이다. 폐쇄형 질문은 "예", "아니오"로만 대답하거나 대답의 범위가 한정적인데, 우리는 대부분 폐쇄형 질문을 자주 활용한다. 폐쇄형 질문은 다음과 같다.

"당신은 오늘도 집에서 휴식을 취할 것입니까?"
"당신이 서비스 요원을 불렀습니까?"
"특별한 서비스를 원합니까?"
"파워포인트를 활용해 발표할 것입니까?"
"월요일에 독서모임을 할 것입니까?"

이러한 폐쇄형 질문은 세부내용을 검토하고 사실을 확인하고 즉시 실행하는 데 유용하다. 하지만 정해진 답만 할 수 있어 다양한 생각이나 아이디어를 도출하는 데는 장애요인이 되기도 하므로 주의해야 한다.

반면 개방형 질문은 상대에게 답변의 주도권을 갖도록 하는 질문 형태이므로 상대에게 유용하고 다양한 아이디어 및 정보 등을 얻어낼 수 있는 질문 기술이다. 개방형 질문은 다음과 같은 형태의 질문을 말한다. 위의 폐쇄형 질문을 개방형 질문으로 바꾸어보면 다음과 같다.

"당신은 오늘 집에서 무엇을 할 것입니까?"

"누가 서비스 요원을 불렀습니까?"

"당신은 어떤 서비스를 원합니까?"

"무엇을 활용해 발표할 것입니까?"

"독서모임은 언제 할 것입니까?"


만약 당신이 클라이언트의 생각이나 느낌 및 반응 등을 파악하고자 할 때는 다음과 같은 질문을 사용하라.


"…에 대한 당신의 생각은 무엇입니까?"

"…에 대한 당신의 느낌은 어떠합니까?"

"…에 대해 우리가 해야 할 일은 무엇입니까?"

"…할 때 무슨 일이 일어납니까?"

"…에 대해 어떤 생각이 듭니까?"

"…에 대해 무엇이 마음에 듭니까?"


물론 폐쇄형 질문이 꼭 나쁜 것만은 아니다. 둘 중의 어느 것 하나를 선택해도 비슷한 결과가 나오거나 신속한 의사결정이 결과보다 중요할 때는 폐쇄형 질문이 좋다. 반면 다양한 사람들에게서 창의적인 아이디어를 이끌어내고 싶을 때는 반드시 개방형 질문을 통해 답변의 주도권을 상대가 갖도록 해야 한다.

우리는 질문할 때 '왜', '언제', '어떻게', '무엇'이라는 단어를 자주 활용한다. 이 중에서 '왜'라는 단어는 상대로 하여금 이유와 변명을 늘어놓게 하거나 호전적인 답변, 비협조적인 반응을 불러올 위험이 있으므로 '왜'라는 단어를 '무엇' 또는 '어떻게'로 바꾸어 질문하는 것이 좋다.

"왜 그것을 이루지 못했습니까?"와 "그것을 이루지 못하게 한 것은 무엇입니까?"의 차이를 한번 생각해보라. 첫 번째 질문에 답하기 위해 상대는 그 과제를 수행하는 데 있었던 장애물과 이루지 못한 변명을 중심으로 자기 방어를 할 것이 자명하다. 반면 두 번째 질문은 상대로 하여금 자기변명이 아닌, 일이 이루어지지 못한 정당한 이유를 들어 똑같은 일이 재발하지 않는 데 초점을 맞추어 답변할 것이다.

상대가 질문에 대답할 때 동기를 부여하고 용기를 북돋우는 맞장구나 말 등을 사용하면 효과적이다. 특히 개방형 질문을 할 때 이것들을 결합해 사용하면 좋다.

용기를 북돋우는 맞장구나 말 등을 사용하면 아이디어를 좀 더 다양한 관점에서 생각하고 판단할 시간과 여유가 생기게 된다. 대화가 잠시 중단되더라도 그것이 맞장구, 제스처 등 긍정적인 몸짓 언어가 수반되는 것이라면 그러한 신호는 상대의 마음을 고무시키고 그들의 관점을 더욱 확장할 수 있을 것이다.

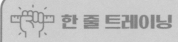 **한 줄 트레이닝**

다음 폐쇄형 질문을 개방형 질문으로 바꿔보자.

| 폐쇄형 질문 | 개방형 질문 |
|---|---|
| 가격이 우선입니까? | |
| 인센티브를 많이 주면 사기가 올라가겠습니까? | |
| 2시에 출발하면 5시에 도착할 수 있습니까? | |

# Yes, But

## 거절할 땐
## "Yes, But" 하라

직장 생활을 하다 보면 상사나 고객 등으로부터 무리한 요구나 명령 또는 지시를 받는 경우가 있다. 이때 우리는 상대방의 생각에 대해 반론을 제시하거나 거절할 때도 있다. 그런데 만약 무조건 "No"라고 대답한다면 상대방이 얼마나 무안하겠는가. 물론 우리 모두는 상대방과 다른 생각을 표현할 자유와 권리가 있다. 그러나 상대방이 기분 상하지 않게 거절하면서 자신의 주장을 관철할 수 있다면 더 좋을 것이다.

**상사/고객:** "품질이 A사의 Moon6에 비해 매우 떨어져 상품성이 없지 않나 하는 생각이 듭니다."
**나:** "품질이 떨어진다고요? 절대 그렇지 않습니다. 어떤 근거로 그렇게 말씀하시는 건가요?"

**상사/고객:** "…"


상대방의 입장이 되어보자. 기분이 어떻겠는가?

원윈<sup>Win-Win</sup>대화법은 일단 상대방의 의견에 "yes" 그리고 "but" 하는 것이다.


**상사/고객:** "품질이 A사의 Moon6에 비해 매우 떨어져 상품성이 없지 않나 하는 생각이 듭니다."

**나:** "UL20778품질규격 9개 항목 중 ss-3항목은 분명히 저희 제품 SKY990이 다소 낮은 평가를 받고 있습니다. 그러나 ss-1, ss-2, ss-4, ss-5, ss-6, ss-7, ss-8, ss-9 등 8개 항목은 모두 저희 제품이 월등히 높은 평가등급을 받고 있습니다. 여기에 그 결과가 나와 있습니다. ○○시험기관에서 발행한 시험성적서입니다.

**상사/고객:** "아, 그렇군요. 자료 좀 자세히 볼 수 있을까요?"


'Yes, But' 화법에 대한 사례를 하나 더 살펴보자.


**상사/고객:** "디자인이 너무 고전적이지 않나요?"

**나:** "네, 맞습니다. 저희 제품의 디자인이 고전적이라는 일부 평가가 있습니다. 그러나 이는 실제 구매가 일어나지 않는 중·고등학생을 대상으로 한 니즈조사의 결과로, 매출의 98%를 차지하고 있는 40~60대 남성인 목표 고객들의 반응은 오히려 고전적인

■ PREP 기법의 절차

| Point 주장 | Reason 이유 | Example 근거 | Point 강조 |
|---|---|---|---|
| 자신의 주장이나 결론 등 핵심 메시지를 전달한다. | 핵심 메시지에 대한 이유를 기술한다. | 이유에 대한 객관적인 근거나 사례, 인용 등을 제시한다. | 다시 한 번 핵심 메시지를 강조한다. |

디자인을 선호하는 것으로 나타났습니다. 타깃 고객이 40~60대 남성이라는 점을 고려하면 고전적인 콘셉트는 강점으로 부각시킬 수 있습니다. ○○○리서치 조사 결과를 보시면 더욱 확실히 아실 수 있을 것입니다."

**상사/고객:** "네, 알겠습니다."

'Yes, But' 화법에서 중요한 것은 자신의 주장을 상대방에게 관철시키는 것이다. 어떻게 하면 자신의 주장을 확실하게 관철시킬 수 있을까? 바로 'PREP<sup>Point, Reason, Example, Point</sup> 기법'을 활용하는 것이다.

PREP 기법의 첫 번째 단계는 자신의 주장이나 결론 등 핵심적인 메시지를 전달하는 것이다.

**예)** "본 제품은 당사의 매출 향상 30%를 달성하는 데 결정적인 역할을 할 것입니다."

두 번째 단계는 자신의 주장이나 결론 등 핵심 메시지에 대한 이유를 기술하는 것이다.

**예)** "본 제품은 설비효율을 기존 제품 대비 1.5배 향상한 고효율 제품이기 때문입니다."

세 번째 단계는 이유에 대한 객관적인 근거나 사례를 제시해 증명하는 것이다.

**예)** "여기에 국가공인인증기관인 KERI의 인증 결과와 17개 고객사의 설비효율성 진단결과서를 보시면 알 수 있을 것입니다."

네 번째 단계는 다시 한 번 핵심 메시지를 강조하는 것이다.

**예)** "당사의 매출을 30% 향상시킬 수 있는 제품은 오직 Kor22가 유일하다는 것을 다시 한 번 말씀드립니다."

사례를 통해 PREP 기법을 확실하게 학습해보자.

**상황:** 상사에게서 새로 개발한 미백 화장품 sky-22를 매장 사업주와 계약하기 위해 설득해보라는 미션을 받았다.

**Point:** "본 미백제품을 계약해주시면 점주님들께서 30% 이상의 매출 신장을 기대해도 좋다는 것을 말씀드립니다."

**Reason:** "본 제품은 기존 경쟁사 대비 피부탄력성과 미백효과를 극대화한 제품이기 때문입니다."

**Example:** "이에 대한 효과는 시제품에 대한 고객 블라인드 테스트 결과와 국제공인연구소의 시험성적서를 보면 확실히 알 수 있을 것입니다."

**Point:** "점주님들의 고객만족도 향상과 매출을 신장할 수 있는 유일한 제품은 저희 신제품인 Sky-22뿐이라는 것을 다시 한 번 강조드립니다."

## 🤜 한 줄 트레이닝

'Yes, But' 기법 실습해보기

| 상황 | Yes, But |
|---|---|
| 너무 고가여서 고객들이 구매하지 않을 것 같은데요? | |
| 품질이 A사에 비해 너무 낮은 것 아닌가요? | |

# 협조가 필요하다면
# 요령 있게 요청하라

직장 생활을 하다 보면 동료나 선배, 후배들에게 협조를 요청해야 하는 경우가 생긴다. 이때 상대가 거절하는 경우도 있을 것이다. 그럴 경우 상대의 입장과 견해가 다르다는 것을 인정하고, 상대의 반대 의견을 자연스럽게 받아들일 수 있어야 한다.

협조 요청을 할 때는 첫째, 무엇을 요청하는 것인지에 대해 간략히 설명하고, 둘째, 이유를 기회와 위협요인 측면에서 설명하며, 셋째, 그동안의 협조에 감사함을 표하며 요청한다. 그러나 이렇게 협조를 요청해도 다음과 같은 이유로 난색을 표시하는 경우가 많다.

"제 능력이 부족해 도와드릴 수 없습니다."
"다른 일로 시간이 없어서 도와드리기 어렵습니다."
"사전에 통보를 받지 못해 참석할 수 없습니다."

"업무분장상 저희 권한이 아닙니다."

"규정상 월권행위라고 생각합니다."

"도와드릴 인력이 부족합니다."


이처럼 상대가 협조 요청에 난색을 표할 때 '맞받아치기', '비아냥 대기', '화내기', '트집 잡기', '과거 들추기'는 절대 하지 말아야 한다. 또한 상대의 말이 끝나기 전에 끼어들어서도 안 된다.

만약 여러 가지 이유로 상대가 난색을 표시했다고 해서 다음과 같이 반응한다면 어떻게 될까?


"강 건너 불 보듯 말씀하시네요."

"김 과장! 어떻게 융통성이 그렇게 없어요?"

"같은 부서원이면 무조건 따라줘야 하는 것 아닙니까?"

"그럼, 당신이 알아서 해보세요."

"어떻게 사사건건 시비예요. 일을 하자는 거예요, 말자는 거 예요?"

"평소에 그렇게 보지 않았는데 왜 그리 몸을 사리세요?"


이렇게 대응하면 상대는 더욱 강경하게 반대를 할 것이 분명하다. 상대가 난색을 표시할 경우에는 다음과 같이 대응하는 것이 좋다.


• 반대 의견에 감사를 표시한다.

- '틀리다'와 '다르다'의 차이를 구별한다.
- 대안이 있는지 물어보고 대안이 있다고 할 경우 구체적인 내용이 무엇인지 설명해달라고 요청한다. → 대안 중 가장 합리적인 안은 무엇인지 요청한다. → 기존안과 대안과의 공통점과 차이점을 발견한다. → 공통 부분을 설명한다. → 차이점도 일부를 조정하면 이견을 좁힐 수 있다고 설명한다. → 합리적인 대안을 도출한다.

그래도 난색을 표시할 경우에는 다음과 같이 대응한다.

첫째, 자신의 주장을 다시 한 번 강조한다. 자신의 제안이 새로운 제안보다 나은 점을 비교 설명하고, 자신의 제안이 채택되지 않으면 문제가 확대됨을 설명한 뒤 동의해줄 것을 요청한다.

둘째, 다른 사람들의 의견을 활용한다. 다른 사람의 의견을 들어보고, 이 문제를 해결하려면 어떻게 하면 좋을지를 제3자에게 질문해본다. 이렇게 제3자의 객관적인 의견을 반영한 대안을 제시하며 다시 한 번 협조를 요청한다.

셋째, 상대에게도 유익한 점이 있다는 것을 설명한다. 아무런 이익이 없다면 당연히 난색을 표시하거나 거절하기 마련이다. 이때는 상대에게 요청한 방안이 어떤 이익이 있는지를 설명하면 대부분의 사람들은 요청을 승낙하는 경우가 많다. 즉 윈윈할 수 있음을 강조하라는 것이다.

많은 사람들의 약점 중 하나가 상대가 난색을 표시했을 때 얼굴이 붉으락푸르락하는 경우가 많다는 것이다. 어떤 상황에도 평상심을 유지하며 대응요령에 따라 차분히 대응해야 한다.

 한 줄 트레이닝

**난색을 표시할 때 상대를 설득하는 방법**

① 요청하는 방안의 장단점을 비교해 설명한다.

② 장단점을 설명할 때는 반드시 근거를 제시한다.

③ 요청사항이 상대에게도 유익하다는 것을 설명한다.

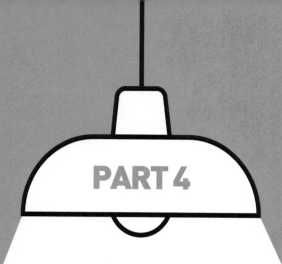

PART 4

자기계발을
멈추는 순간 도태된다

# 개인적인 문제로
# 조직에 영향을 끼치지 마라

많은 사람들의 개인적인 문제는 직장의 문제로 직결된다. 개인적인 문제는 아무리 사소한 것이라도 직장에 큰 영향을 미친다. 이때 리더가 팔로워의 개인적인 문제를 이해하고 공감해준다면 긍정적인 영향을 줄 것이다. 리더는 후배가 아무리 개인적인 문제가 많더라도 자신의 일에 대한 잠재력을 깨닫도록 일깨워주어야 한다.

가정의 문제가 직장의 문제로 연결된 적이 없는지 생각해보자. 예를 들어 아침에 출근하는데 아이들 진학 문제로 아내와 갈등이 있었다면 아무렇지도 않게 일이 손에 잡히겠는가? 짜증스럽게 하루를 시작하기 마련이다. 이런 기분으로 하루를 시작한다면 그날 수립한 업무계획이 순조롭게 해결될 리 없다. 갈등 상황이 지속된다면 업무에 대한 집중도가 떨어지고 몰입을 할 수 없게 된다.

만약 당신이 많은 팔로워를 이끄는 리더라면 문제는 더욱 심각하다. 조직 분위기가 가라앉음으로써 팔로워들은 불쾌한 하루를 감내해야 할 것이다. 사소하고 개인적인 문제라고 하더라도 관심을 갖고 해결해야 개인적인 목표와 조직의 목표를 모두 효과적으로 달성할 수 있다.

개인적인 문제가 직장에 영향을 미친다는 것을 인식했다면, 어떻게 해야 이를 효과적으로 해결할 수 있는지 살펴보자.

첫째, 자신의 문제가 곧 조직의 문제임을 깨달아야 한다. 대부분의 사람들은 개인적인 문제가 조직에 영향을 주고 있다는 사실을 인지하지 못하는 경우가 많다. 서로 관련성이 없다고 생각하기 때문이다.

둘째, 개인의 문제 해결이 조직의 문제 해결과 직결됨을 인식해야한다. 다음의 질문을 통해 이를 알아보자.

- 나의 개인적인 문제는 무엇인가?
- 그 문제로 인해 나타나는 현상은 무엇인가?
- 직장의 문제로 연결되었을 때 조직에 미치는 영향은 무엇인가?
- 문제의 원인은 무엇인가?
- 해결방안은 무엇인가?

어떤 문제든 개인의 문제가 조직의 문제가 되어서는 안 된다. 개인적 문제는 조직의 분위기와 목표 달성뿐만 아니라 개인의 삶의 질에도 영향을 미친다. 따라서 자신의 개인적인 문제가 무엇인지 살펴보고 해결방안을 적극적으로 찾아서 문제를 해결해야 한다. 자신의 문제가 무엇인지 인지하고 찾아내는 것만으로도 문제의 절반은 해결된 것이나 마찬가지다.

그러면 자신의 문제 해결을 위해 어떤 조치들을 취해야 할까?

첫째, 가장 먼저 직면해 있는 개인적인 문제가 무엇인지 파악한다. 그것이 부부간의 갈등 문제인지, 자녀들과 관련된 문제인지, 아니면 우울증의 문제인지 자신이 현재 당면해 있는 문제를 파악한다. 문제란 자신이 기대하는 결과와 현재와의 차이, 즉 갭<sup>gap</sup>이 있을 때 발생한다.

둘째, 문제가 발생한 원인을 찾는다. 원인이란 문제가 발생하게 된 요인을 말한다. 원인을 찾아내야 해결방안을 찾을 수 있다.

셋째, 해결방안을 도출한다. 개인적인 문제가 어떤 원인에 의해 발생했는지 파악한 후, 이를 해결하기 위한 아이디어를 도출해본다. 전문가의 조언을 듣거나 상담을 받거나 독서 등을 통해서 해결방안을 찾을 수 있다. 또한 우울증이나 스트레스의 경우 의사와 상담해 치료를 받을 수도 있다.

넷째, 구체적인 실행계획을 수립해본다. 해결방안에 대한 구체적인 액션 플랜을 간트 차트<sup>Gantt chart; 목적과 시간의 두 기본적 요소를 이용해 만드는 그래프</sup> 등을 활용해 실행계획을 수립하고 이에 따라 실천한다.

자신의 개인적인 문제를 해결하지 않고서는 조직의 문제를 해결하거나 업무성과를 극대화할 수 없다. 옛말에 가화만사성이란 말이 있다. 가정이 평화로워야 모든 일이 잘 이루어진다는 뜻이다. 이 말을 명심해야 한다. 그래야 개인적으로도 조직적으로도 큰 성과를 창출할 수 있다.

 **한 줄 트레이닝**

개인적인 문제를 파악하고 해결방안을 도출해보자.

| 개인적인 문제 | 문제의 원인 | 해결방안 |
|---|---|---|
|  |  |  |
|  |  |  |

## 자기계발

# 다가올 쇠퇴기를
# 대비하라

당신은 생명곡선상의 어디쯤에 위치할까? 만약 성숙기라면 곧 쇠퇴기가 찰나처럼 다가올 것이다. 그러나 쇠퇴기는 언제 어떻게 찾아올지 모른다. 인력을 탄력적으로 운영하고자 하는 기업의 전략과 지속적으로 기업에 머물고 싶은 직장인의 니즈는 항상 일치하지 않는 법이다. 기업은 인풋 대비 아웃풋이 없는 인력을 언제든지 구조조정할 준비를 하고 있는 것이 현실이기 때문이다.

그렇다면 쇠퇴하지 않고 지속적으로 성장할 수 있는 방법은 없을까? 있다. 바로 끊임없이 자기계발을 하는 것이다. 자기계발은 모든 직장인들의 권리임과 동시에 의무다. 특히 요즘과 같이 급격하게 변화하는 환경에서 학습은 선택이 아니라 필수다. 삶을 풍요롭게 하기 위해서라도 학습은 필수사항이다. 나이와 학습은 아무런 상관이 없다. 오히려 나이가 들어갈수록 공부에 매진하는 것이 좋다. 뇌가 활성화되어 정신건강에 좋기 때문이다. 평생 학습하는 사람은 어떤 조직에서든지 지속 가능한 발전을 하고 또 성공한다. 그러므로 학습은 죽을 때까지 끊임없이 이루어져야 할 우리의 소명이다.

톰 피터스의 저서 『리틀 빅 씽』에는 프로 테니스 선수인 브래드 길버트에 대한 내용이 나온다. 길버트는 세계 랭킹 4위까지 올랐던 선수지만 한때 자신이 테니스에 재능이 없다는 것을 깨닫고 실망한 적이 있었다고 한다. 당시 그는 좌절할 수도 있었지만 라켓을 내팽개치지 않았다. 그리고 학습을 시작했다. 동료 선수들이 경기가 끝나고 맥주를 마시러 갈 때도 그는 텔레비전으로 다른 선수가 경기하는 모습을 보고 테니스를 연구했다. 또 동료 선수들과 끊임없이 토론했다. 길버트는 토론 결과를 어김없이 노트에 빽빽이 적어 수시로 들여다보았다. 어디가 어떻게 잘못되었고 무엇을 어떻게 고쳐야 하는지 기록했다. 특히 자신과 경기했던 상대 선수의 장단점과 앞으로 경기하게 될 선수의 모든 면을 철저히 기록했다. 마침내 그는 승승장구해서 세계 프로 테니스 상위 랭킹에 올랐고, 이후에는 최고의 테니스 코치가 되었다.

길버트가 테니스로 성공한 비밀은 끊임없는 학습에 있었다. 또한 그는 수많은 제자로 하여금 배우는 학생의 자세를 가지도록 함으로써 제자들의 성공도 이끌 수 있었다. 학습은 온라인 교육이든 오프라인 교육이든 어떤 것이든 상관이 없다. 다음과 같은 방법으로 학습하는 것이 효과적이다.

- 학습의 목적을 분명히 하라.
- 학습하면서 중요한 것은 체크하거나 메모하라.
- 학습한 것은 반드시 실무에 적용하라.
- 학습한 내용은 많은 사람들과 반드시 공유하라.

　필자도 강의를 들을 땐 매우 열심히 귀담아듣고 메모한다. 그리고 '나라면 이렇게 했을 텐데' 하는 아이디어가 있으면 함께 메모해둔다. 교육을 마치고 돌아오면 교재뿐만 아니라 메모한 것을 모두 타이핑해 컴퓨터에 저장해놓는다. 그리고 이를 바탕으로 책을 집필하거나 강의에 활용하거나 업무에 적용한다.

　또한 학습 후에는 반드시 어떤 결과물을 만들어내야 한다. 그렇지 않으면 학습의 목적이 불분명해 몰입도가 떨어지고 이를 실무에 적용할 수 없어 개인과 조직의 성과 향상에 기여할 수 없게 되기 때문이다. 학습의 의미가 없어진다는 뜻이다.

　학습방법 중 가장 기본이 되고 손쉬운 것은 책을 읽는 것이다. 책은 시간과 장소의 제약이 없이 언제 어디서든 학습할 수 있다. 필자는 한때 '책을 읽게 되면 자유로운 영혼의 삶을 살지 못하는 것이 아닌가? 다른 사람들의 생각이나 사상의 틀 속에 나를 가두고 사는 것이 아닌가?'라는 생각이 들어 책을 가까이하지 않은 적이 있다. 그러나 오히려 책을 통해 '나'를 투영해봄으로써 스스로를 반성하고 필자가 잘할 수 있는 영역이 무엇인지도 알 수 있었으며 역량을 강화하는 데 많은 도움이 된다는 것을 깨달았다. 지금은 열심히 책도

읽고 오프라인 교육에도 적극적으로 참여하며 새로운 영역에 대한 지적 호기심을 갖고 역량을 쌓아가고 있다.

필자는 책을 많이 읽기보다는 책에 나오는 하나하나의 단어나 문장을 음미하면서 읽는 편이다. 의미 있는 문장에는 줄을 치고 포스트잇을 활용해 메모를 한 후 부착한다. 이렇게 하면 다음에 필요할 때 쉽게 찾아볼 수 있기 때문이다. 때론 책의 목차를 보고 내가 알고 있는 단원은 뛰어넘고 모르는 내용만 선택해 읽기도 한다. 책의 제목만 보고 글쓴이가 전달하고자 하는 내용이 무엇인지 추측하거나 내 나름대로 해석해보는 시간을 갖는 것으로 간단명료하게 학습을 마무리하는 경우도 있다.

예를 들면 『칭찬은 고래도 춤추게 한다』라는 책을 보고 '칭찬은 고래도 춤추게 하니 사람들은 칭찬을 받으면 고래보다 더 즐거워할 거야. 그러면 어떻게 칭찬하면 좋을까? 먼저 그 사람의 인품이나 개인적인 부분을 칭찬한 다음 그 사람의 역량이나 뛰어난 결과들에 대해 칭찬하면 어떨까? 칭찬의 근거를 대면서 칭찬하면 칭찬의 신뢰도도 높아지겠지'라는 필자 나름대로의 칭찬에 대한 생각을 정리하는 것이다. 제목을 보고 스스로에게 다양한 질문을 해봄으로써 모범답안을 찾아보는 방식이다. 짧은 시간에 의외로 의미 있는 것들을 많이 도출해볼 수 있다.

어떤 학습방법이라도 좋다. 본인이 가장 선호하는 학습방법을 선택해 지금 당장 실행에 옮겨보자.

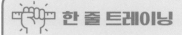

## 한 줄 트레이닝

**인생에 도움이 되는 책을 선택하는 방법**

① 자신의 직무와 관계없는 책: 완전히 다른 관점에서 자신의 업무를 바라볼 수 있다.

② 무작위로 선택한 책: 지식의 편식을 방지할 수 있다.

③ 평론가들의 의견이 상반되는 책: 균형 있는 태도나 논리적인 사고를 증진하는 데 도움이 된다.

# 자기관찰

## 자기 자신을
## 철저하게 관찰하라

당신은 얼마나 객관적인 사람인가? 객관적으로 자신을 살펴보면 말과 행동이 다른 경우가 참 많다는 것을 발견할 수 있다. 자신의 행동에 관심을 기울이는 '자기관찰'을 통해 스스로가 어떤 사람인지 알 수 있다면 사람을 상대하거나 관계를 맺거나 일을 추진할 때 매우 유용하게 활용할 수 있다. 자기관찰의 목적은 자신을 더 잘 이해해 객관적으로 자신의 모습을 살펴봄으로서 사람들과 좋은 관계를 형성하는 것이다.

다음의 질문에 당신은 몇 개 이상 해당되는가?

- 자신의 행동성향을 잘 알고 있는가?
- 내가 나를 바라보는 것과 남이 나를 바라보는 관점이 일치하는가?

- 다른 사람의 이야기에 항상 귀를 기울이는가?
- 자신이 한 말에 대해 끝까지 책임을 지는가?
- 다른 사람들이 나를 공평한 사람이라고 생각하는가?

4개 이상 해당된다면 당신은 자신을 객관적으로 바라보고 있으며 말과 행동이 일치하는 사람이라고 할 수 있다.

박 부장은 소프트웨어 설계팀의 파트장이다. 그는 에너지가 넘치며 적극적이고, 부서원들 앞에서 자신의 의견을 발표하는 것을 두려워하지 않는다. 그러나 평소 다른 사람들의 의견을 무시하기 일쑤고 일방적이다. 물론 발표를 하거나 미팅을 할 때면 매번 "이번 프로젝트는 여러분 개개인의 의견이 매우 중요하니 허심탄회하게 의견을 개진해주시기 바랍니다"라고 말하지만 누군가 의견을 내놓아도 어떤 이유로든 자신의 의사를 관철시킨다. 팀원들의 의견은 묵살된다. 다른 사람들의 의견은 무시하고 자기주장만 되풀이하는 독불장군형이다.

팀원들의 의견이 철저히 무시되는 그의 의사소통 방식에 위압감을 느낀 팀원들은 좀처럼 자신의 의견을 내지 않는다. 그러나 정작 박 부장만 그 사실을 모른다. 허심탄회하게 의견을 내라고 했는데 의견을 제시하지 않았다고 팀원들을 탓하거나 아이디어가 없다고 핀잔을 주기 일쑤다. 오히려 그는 자신의 상사에게 부서원들이 자신의 아이디어에 대해 관심이 없고 새로운 아이디어를 제안하기를 바라지만 모두 무관심하다고 털어놓았다.

하지만 그의 상사는 "박 부장은 매사에 적극적이지만 팀원들의 의견을 무시하고 공격적인 행동까지 보여 팀원들의 말문을 닫아버리는 경우가 자주 있어요"라는 반응을 보인다. 팀원들도 "박 부장님은 일방통행식의 커뮤니케이션을 하시는 경우가 많고 저희들의 의견을 너무 무시하는 경우가 많아 참 답답해요"라고 푸념을 한다.

이렇듯 사람들은 자신이 알고 있는 자신의 모습과 다른 사람들이 바라보는 실제의 모습이 다른 경우가 참 많다. 이런 경우 다음과 같은 질문을 통해 자신의 본래의 모습을 관찰해야 한다.

- 나는 팀원들과 대화를 할 때 개방적인 태도를 보이는가?
- 회의를 할 때 팀원들은 자신의 의견을 자유롭게 표현하는가?
- 나의 아이디어가 팀원들에게 도전을 받는다고 느낄 때 어떤 행동을 취하는가?
- 나는 말하기보다 듣는 것을 더 많이 하는가?
- 나는 닫힌 질문보다 열린 질문을 많이 하는가?

이 질문에 객관적이고 냉정하게 스스로 답을 도출해보면 현재 자신의 모습을 살펴볼 수 있다. 자기관찰 노트를 만들어 스스로 관리해나가면 말과 행동을 일치시키는 데 도움이 될 것이다. 이때 주위 사람들의 평판을 들어보는 것도 좋다. 스스로를 잘 알고 있고 동료들도 나를 잘 알게 되면 서로의 장벽이 허물어지고 진정으로 동료들과 격의 없는 관계를 형성하게 될 것이다.

## 🖐️ 한 줄 트레이닝

**격의 없는 관계를 형성하는 방법**

① 상대방에게 말할 기회를 더 많이 준다.

② 부정형 질문보다 긍정형 질문을 많이 한다.

③ 모든 인간은 본성이 '착하다'라고 생각한다.

# 스스로를 비평해야
# 성장할 수 있다

천주교에서는 '고해성사'라는 것이 있다. 가톨릭 신자가 알게 모르게 범한 죄를 성찰省察·통회痛悔·고백告白·보속補贖 등의 절차를 통해 죄를 용서받는 것을 말한다. 본인이 잘못한 비윤리적인 생각이나 행동들에 대해 하나님께 고하고 다시 그와 같은 죄를 짓지 않겠다고 용서를 구하는 일이다. 이렇게 함으로써 하나님의 은총을 받을 수 있다는 것이다.

사람은 세상을 살다 보면 잘못을 저지르거나 규정이나 규율을 위반하거나 비윤리적인 행위를 하기도 한다. 업무상 과오를 저지르기도 한다. 기원전 10세기 사울왕이 "나는 어리석었느니라. 나는 참으로 많은 잘못을 저질렀도다"라고 한 말은 우리에게도 그대로 해당된다. 자신에 대한 비평을 기록하고 읽어보면 앞으로 부딪히게 될 여러 가지 문제를 해결하거나 잘못된 것을 바로잡는 데 도움이

■ 문제 해결의 원인과 실행력

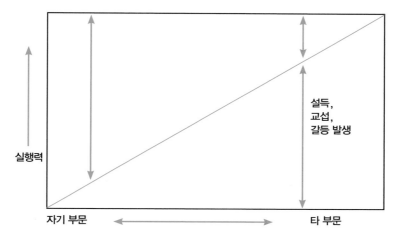

된다.

사람들은 어떤 문제가 발생했을 때 그 원인을 남에게 돌리는 경우가 많다. "누구의 탓", "어느 부서의 잘못 때문에"와 같이 문제의 원인을 남의 탓으로 돌리곤 한다. 이렇게 되면 문제는 해결되지 않고 서로 갈등만 남게 된다. 그리고 다른 사람이나 타 부서에 문제의 원인을 돌리게 되면 이 문제를 해결하기 위해 설득하고 교섭해야 하기 때문에 실행력도 떨어지게 된다.

사람들은 자기방어적 본능이 있어 책임을 남의 탓으로 돌리는 경우가 많다. 이렇게 자기반성이나 성찰 없이 문제를 남의 탓으로 돌리게 되면 가장 큰 타격을 입는 것은 바로 나 자신이다.

나폴레옹은 유배지인 세인트 헬레나 섬에서 이렇게 말했다.

"나의 몰락은 누구의 탓도 아니다. 나 자신의 탓이다. 내가 나의 최대의 적이고 비참한 운명의 원인이었다."

어리석은 사람은 사소한 비평에도 흥분하고 화를 내지만, 현명한 사람은 자기를 공격하고 논쟁한 사람에게서 무엇이라도 배우려 한다. 타인의 비평을 겸허히 받아들이고 자기성찰을 해야 한다는 의미다.

『카네기 행복론』이라는 책에서 시인 월트 휘트먼은 다음과 같이 말한다.

"너는 너를 칭찬하고 너에게 부드럽고 상냥히 대하고 네 편을 들어준 사람에게서만 교훈을 얻었는가? 너를 배척하고 반대하고 논쟁한 사람에게서는 귀중한 교훈을 배우지 못했는가?"

상대가 나를 비평하면 서로 논쟁하기 전에 스스로의 단점이 무엇인지 파악하고 자기 자신을 비평함으로써 혁신할 수 있다.

자신을 비평해 혁신하는 가장 좋은 방법은 다음과 같다.

- **잘못한 점을 기록하라**: 생각으로 그친다면 개선할 수 없다. 반드시 문서에 기록해야 한다.
- **잘못한 점에 대해 스스로 성찰하라**: 깊이 있는 자기 반성이 없으면 또 같은 오류를 반복할 수 있다.
- **실수, 오류, 잘못한 점에 대한 재발 방지대책을 수립하라**: 어떤 원인으로 인해 문제가 발생했는지 분석하고 구체적인 재발 방지책을 세워야 완전한 성찰이 된다.
- **액션 플랜을 수립해 실행하라**: 세부적인 실행계획이 없으면 자기

성찰이 완성되지 않는다.

또한 다른 사람들의 나에 대한 비평에 대해서도 적극적으로 경청하고 받아들이며 개선하려는 겸허한 자세가 필요하다.

프랑스의 작가 라 로슈코프는 "적의 의견이 나에 관한 것이라면 나의 의견보다 훨씬 더 진실에 가깝다"라고 말했다. 사람들은 다른 사람들의 잘못을 이야기할 때 무조건적으로 이유 없이 비평하지 않는다. 그런데 사람들은 다른 사람들의 칭찬에는 호의적인 태도를 보이지만 비평에 대해서는 상대방이 무슨 의도로 무엇을 말하려고 하는지 알지도 못하면서 반사적으로 자신을 방어하려는 태도를 보인다.

이제부터 누군가가 나를 비판할 때 스스로를 적극적으로 변호하는 것을 멈추자. 어리석은 사람일수록 자기를 변호하기에 급급하다. 타인의 비판은 스스로를 혁신할 수 있는 절호의 기회다. 왜 이렇게 좋은 기회를 버리려 하는가?

물론 누가 보아도 부당한 비판을 받을 때도 있을 것이다. 그래도 삼세번만 '내 탓이오. 내 탓이오. 내 탓이오'라고 마음속으로 고해성사를 해보라. '나도 사실 완전무결한 인간이 아니잖아. 아인슈타인도 99%가 자기 잘못이라고 고백했는데 아마 나도 90%는 잘못하고 있는지 몰라. 어쩌면 이 비평은 올바른 것일 수도 있어. 그렇다면 오히려 감사해야겠군.' 이렇게 생각하면 마음도 진정되고 좋은 결과로 연결될 것이다.

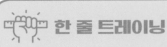
## 한 줄 트레이닝

자신의 잘못한 점을 성찰해보자.

| 잘못한 점 | 성찰 |
|---|---|
|  |  |
|  |  |

# 돌파

# 성공하고 싶다면
# 안전지대를 벗어나라

　인간의 생명곡선은 탄생, 성장, 성숙, 쇠퇴의 4단계를 거친다. 직장 생활과 상품의 수명도 마찬가지다. 그런데 대부분의 사람들은 성숙기를 지나면 안전지대에 머무르려는 경향이 있다. 조직에서도 어느 정도의 위치에 오르면 안전지대에서 안주하려 한다. 인간의 뇌는 한 번 학습하거나 경험한 것을 반복하지 않으려는 속성이 있기 때문이다. 대부분 어렵고 힘들었던 시절을 지나면 현재에 안주하고 싶은 마음이 들게 마련이다.

　당신은 어떠한가? 지금 안전지대를 떠날 수 있는가? 이 질문에 "예"라고 확신 있게 대답하지 못한다면 그 이유는 무엇인가? 현재 당신의 삶이 안정되어 익숙하고 부담이 없고 안전하기 때문인가, 아니면 안전지대를 벗어났을 때 위험과 모험이 있을 거라는 두려움 때문인가?

많은 사람들이 안전지대를 벗어나 새로운 것에 도전하고 싶은 욕구는 있지만, 두려움 때문에 안전지대를 벗어나려는 시도는 실제 하지 않는 경우가 많다. 이러한 경우 조직에서 성공할 수 없고 목표로 하는 비전도 달성할 수 없다.

분명 안전지대 안에서는 쉬운 일이 많고 위험부담이 적다. 반면 안전지대를 벗어나면 경쟁이 매우 치열하고 모험과 두려움이 존재한다. 그러나 진입장벽이 낮고 희소가치가 있어 누구든지 블루오션을 창출할 수 있다.

안전지대를 벗어나라는 의미는 무엇인가? 그것은 고객들이 원하는 욕구 중 다른 사람들이 제공해주지 못하고 있는 것에 도전을 하라는 것이다. 안전지대를 벗어나면 희소성이 있다. 희소성이 있다는 것은 인풋 대비 아웃풋이 크다는 것을 의미한다. 그러면 안전지대를 벗어나려면 어떻게 해야 될까?

첫째, 두려움을 떨쳐버려야 한다. 두려움은 어떤 일을 시도조차 하지 못하게 하는 장애요인으로 작용한다. 눈을 감고 있을 때가 눈을 뜨고 있을 때보다 더 두렵다. 왜냐하면 보이지 않기 때문이다. 안전지대를 벗어난다는 것은 가지 않은 길을 걸어가야 한다는 뜻이고 이는 보이지 않는 길을 걷는 것과 같다.

둘째, 자기계발 등을 통해 필요한 역량을 확실하게 확보해야 한다. 자신에게 필요한 핵심 역량을 개발하면 어떤 일이든 도전하는데 두려움이 없어진다. 그렇지 않으면 자신감이 결여되어 도전할 수 없게 된다.

셋째, 구체적인 전략과 실행계획을 짜야 한다. 이는 안전지대를 벗어날 때만 필요한 것이 아니라 어떤 일이든 필요한 과정이다. 실행계획은 6하원칙에 의해 수립해야 한다. 그래야 계획한 일을 빠짐없이 실행할 수 있기 때문이다.

넷째, 반복적인 연습이 필요하다. 실행계획에 따라 익숙해질 때까지 연습을 해야만 성공률을 높일 수 있기 때문이다. 세계 최정상의 골퍼들도 매일같이 연습을 한다. 연습하지 않으면 일보 전진할 수 없으며 퇴행할 수밖에 없다.

다섯째, 실천계획에 대해 자기선언을 하라. 필요한 역량도 계발하고 구체적인 실행계획에 따라 부단한 연습까지 했으니 이번에는 이를 다른 사람들에게 선언하는 것이 필요하다. 자기선언을 하는 이유는 실천에 대한 다짐을 알리고 아울러 타인의 지원을 받기 위함이다.

안전지대를 벗어났을 때 어떤 이익이 있는지 잘 알고 있으면서 그것을 행하지 않는 사람은 '인지적 구두쇠'와 같다. 인지적 구두쇠란 새로운 일을 창조하지 않고 기존에 인지한 것을 반복적으로 재활용하려는 과정 또는 행위를 하는 사람을 말한다. 이러한 사람은 평생을 부가가치가 없는 일에 매진해 몸과 마음의 평안을 한시도 찾지 못한다.

앞에서 안전지대를 벗어나지 못하는 가장 큰 이유는 두려움이라고 했다. 이 두려움을 제거하는 방법은 무엇일까? 바로 안전지대를 벗어났을 때 개인에게 주어지는 이익<sup>benefit</sup>을 강하게 떠올리거나 안전지대를 벗어나 성공한 사람의 사례를 살펴보거나 조언을 듣는 것이다. 여기에서 이익이란 경제적인 이익만이 아니라 보람, 성취감 등 비물질적인 것도 포함된다.

레이저 가공기 회사 HK의 계명재 대표는 미국에서 경영학을 전공하고 귀국해 그 당시 불모지와 같았던 레이저 가공 사업에 뛰어들었다. 공학도도 아니면서 공학을 기반으로 한 레이저 사업에 뛰어드는 것은 불구덩이에 방열복을 입지 않고 뛰어드는 것과 같은 험한 도전이었다. 직원 몇 명과 한솥밥을 먹어가면서 불철주야 개발과 판매에 몰두한 끝에 마침내 HK는 국내 1위의 레이저 가공 기업이 되었다. 여기에는 계 대표의 남다른 불굴의 투지도 있었지만 성과를 통해 이익을 창출하고 새로운 일자리를 제공함으로써 사회에 공헌하겠다는 열정과 열의가 없으면 불가능했을 것이다.

계 대표는 왜 자신의 전공분야에서 일하지 않고 새로운 분야를 개척했던 것일까? "경영학자가 웬 레이저 가공 사업이야?"라는 주위의 만류와 의구심도 있었을 것이다. 그러나 그는 자신이 진정 원하는 삶을 살기 위해 인생의 노선을 완전히 바꾼 것이다. 안전지대에 안주하지 않고 완전히 새로운 분야에 도전하는 것은 안전지대에서는 느끼지 못하는 성취감이 선물로 주어진다.

두려움을 잊어버리고 과감하게 안전지대를 벗어나 새로운 것에 도전하라. 이것이 성공의 답이다. 안전지대를 벗어나라는 말은 무조건 회사를 떠나 창업을 하라거나 전직을 하라는 의미가 아니다. 어디에 있든 새로운 일에 끊임없이 도전하고 개척하라는 뜻이다.

 **한 줄 트레이닝**

**안전지대를 벗어나면 얻을 수 있는 이익**

① 남들이 하지 않은 일을 했다는 개척자로서의 자존감이 올라간다.

② 경쟁이 치열하지 않아 작은 인풋으로 큰 아웃풋을 얻을 수 있다.

③ 동료들의 롤모델이 된다.

# 열정이 없다면
# 성공할 수 없다

2004년 이라크전에 미군 헬기 조종사로 참전했다가 두 다리를 잃은 태미 덕워스 전 국가보훈처 차관보가 2011년 개최된 시카고 마라톤 대회에 참가했다. 〈시카고 트리뷴〉은 덕워스가 시카고 마라톤 대회에 손으로 굴리는 자전거를 타고 참가하기 위해 매일 시카고 교외의 공원에서 맹연습 중이라고 보도했다.

덕워스는 부상 이후 손 자전거로 시카고 마라톤 대회에 2번 참가해 전 구간을 완주했다. 수영·서핑·스카이다이빙을 즐기는 그녀는 "스킨스쿠버 다이빙 자격증을 다시 따기 위한 훈련도 하고 있다. 부상 이후 더 많은 스포츠에 도전하게 되었다"라고 말했다. 2010년에는 고정익 항공기 조종사 자격증을 따내 많은 사람에게 감동을 주었다.

태국 방콕에서 태어난 중국계 혼혈 덕워스는 2004년 여성 최초이자 아시아계 최초로 미 육군 헬기 편대장으로서 이라크전에 참전해 UH-60 블랙호크 헬기를 조종했다. 그러나 그해 말 이라크군의 로켓추진수류탄 공격을 받고 추락해 두 다리를 모두 잃고 오른팔에 치명적 장애를 입었다.

덕워스는 치명적이었던 위기 상황을 다음과 같은 방법으로 극복했다.

- 실패를 두려워하지 않았다.
- 불굴의 투지를 보였다.
- 위기를 위기로 보지 않았고 이를 새로운 기회로 삼았다.
- 자신의 처지를 비관하지 않았다.
- 다시 일어나겠다는 신념을 가지고 있었다.
- 자신이 잘할 수 있는 것을 찾아냈다.
- 용기를 잃지 않았다.

대부분의 사람들은 덕워스와 같은 상황에 놓이게 되면 용기를 잃고 좌절하기 마련이다. 하지만 덕워스는 오히려 더 도전적인 자세로 삶의 주인공이 되어 열정을 다하고 있다.

육체적으로 매우 건강하고 젊은 우리는 어떠한가? "무기력을 극복하는 유일한 약은 열정이다"라는 영국의 역사가 토인비의 격언을 생각하면서 어떤 일에든 열정과 몰입을 다하겠다고 선언해보자. 열정과 몰입은 업무의 품질과 속도의 원천이다. 조직 구성원들에게 열정과 몰입이 없다면 더 이상 직장인으로서의 자격이 없다. 그렇다면 어떻게 해야 열정적인 삶을 살 수 있을까?

- 관심
- 비전
- 행복
- 성취감

- 호기심
- 가치실현
- 시너지

위의 항목들로 자신을 무장하면 열정적인 삶을 살아갈 수 있다.

 **한 줄 트레이닝**

**몰입의 조건**

① 높은 목표를 지향해야 한다.

② 높은 목표를 실행할 수 있는 역량을 확보한다.

③ 지속적으로 자기성찰을 한다.

# 비전

# 꿈이 없는 사람은
# 날개 없는 독수리다

인간에게는 식욕·성욕·수면욕이 있다. 이는 동물도 기본적으로 가지고 있는 욕구다. 이 3가지 욕구만으로는 인간과 동물을 구분 지을 수 없다. 인간이 동물과 다른 점은 바로 비전이 있다는 것이다. 인간에게 비전이 없다면 동물과 다를 바 없다.

비전이란 미래의 바람직한 모습을 현재에서 바라보는 것을 말한다. 우리가 흔히 말하는 꿈과는 다소 차이가 있다. 꿈은 오로지 머릿속의 상상에 머무는 데 반해 비전은 문장으로 기술되어 구체화된다. 비전은 인생의 나침반으로서 방향성을 갖게 해주고 삶의 동기를 부여해준다. 또한 비전을 달성했을 때 높은 성취감과 성과를 얻을 수 있다.

의학용어 중 '터널비전<sup>tunnel vision</sup>'이란 단어가 있다. 이는 터널 속에 들어가면 상하좌우는 보지 못하고 빛이 있는 터널 끝만 볼 수 있다는 뜻으로, 오직 한곳만 바라보는 것을 의미한다. 만약 터널비전에 빠져버리게 되면 한곳만 바라볼 수밖에 없으며 비전을 수립할 수 없게 된다.

모든 생물과 제품은 탄생, 성장, 성숙, 쇠퇴라는 생명곡선을 따른다. 인간의 삶도 직장 생활도 이 생명곡선을 따르기는 마찬가지다. 그런데 어떤 사람은 성장도 하기 전에 '캐즘chasm'이라는 나락으로 떨어져 이 생명곡선의 1사이클cycle도 그리지 못하는 경우도 있다.

현재 우리나라 직장인의 평균 퇴직 연령은 약 49세다. 그런데 65~70세까지의 연령 중 약 50%, 70~75세까지의 연령 중 약 40%가 아직도 일을 하고 있다. 대부분이 생계형 근로자다. 우리나라는 OECD 국가 중 노인빈곤율이 49.6%로 1위다. 결국 오랫동안 자신의 생명곡선을 연장해 직업을 갖지 않으면 안 되는 시대에 우리는 살고 있는 것이다.

그러면 캐즘의 계곡에 빠지지도 않고 우리의 삶을 1세대에서 끝내는 것이 아니라 2세대, 3세대까지 연장할 수 있는 방법은 없을까? 있다. 그것은 자신의 비전을 구체적으로 수립하고 목표를 설정해 이를 실행하면 가능해진다.

지구상 최고봉인 해발 8,848m 에베레스트를 등반하기 위해서는 베이스캠프를 설치해야 한다. 1953년 첫 등반 시 해발 2,000m에 설치한 후 1977년까지 등반가들 사이에선 이것이 정설이었다. 아무도 더 높은 곳으로 베이스캠프를 이동하려는 생각을 하지 않았다. 이

■ 비전 수립 시 나타나는 결과

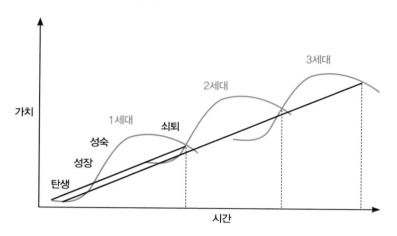

때까지 에베레스트 등정에 성공한 사람은 단 8명뿐이었다.

해발 2,000m 베이스캠프 룰이 깨진 것은 20여 년이 지난 1977년 이후부터다. 1977년 이후 등반가들은 베이스캠프를 해발 6,000m 위치에 설치하기 시작했고 이후 수백 명이 등반에 성공하는 쾌거를 이루었다.

비전을 어느 정도로 어떻게 잡을 것인가 하는 것은 우리의 삶에서 매우 중요한 요소다. 비전의 크기에 따라 준비해야 할 것이 달라지기 때문이다. 한라산을 등반할 것인가? 아니면 에베레스트를 등반할 것인가? 어디를 등반하느냐에 따라 우리가 준비해야 할 것들은 완전히 달라진다.

한라산을 등반하는 것을 비전으로 정했다면 간단한 운동복 차림에 음료수와 몇 가지 비상약만 준비하면 된다. 그러나 에베레스트를 등반하는 것이라면 이야기가 달라진다. 사전에 충분히 체력을 단련해야 함은 물론이거니와 팀워크 훈련도 해야 하고, 비상 시 조치 방안도 구체적으로 수립해야 한다. 또한 비상식량도 준비해야 하고, 포터도 동행해야 하며, 산소통도 필요하다.

앞에서도 말했지만 비전에 따라 우리가 준비해야 할 요소와 역량은 달라진다. 무엇을 준비하느냐는 비전 달성에 매우 중요한 요소다. 비전을 실현하려면 현재의 삶에 최선을 다해야 한다. 또한 작은 것도 소중히 여기며 하나하나 실천해가는 자세와 행동이 필요하다.

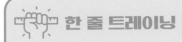 **한 줄 트레이닝**

**비전이 실현되기 위한 조건**

① 자신의 가치관이 반영된 비전을 수립해야 한다: 가치관에 따라 행복한 삶을 사느냐 마느냐가 결정되기 때문이다.

② 목표를 수립해야 한다: 비전만으로는 부족하다. 구체적인 실행목표가 있어야 비전을 달성할 수 있다.

③ 실행계획이 있어야 한다: 구체적인 액션 플랜이 없으면 비전은 실현할 수 없는 '꿈'으로만 존재할 뿐이다.

# 약점을 보완하기보다
# 강점을 강화하라

아무리 완벽한 사람도 약점이 있기 마련이다. 많은 사람들의 약점은 무엇일까? 그리고 약점을 극복하는 방법은 무엇일까? 조직에서 많은 사람들이 공통적으로 가지고 있는 약점은 다음과 같다.

- 성급하게 일을 처리하다 실수를 연발한다.
- 역량에 비해 높은 목표를 세워 달성하지 못하는 경우가 발생한다.
- 경험이 많지 않아 사업을 판단하는 직관이 떨어진다.
- 팀워크가 부족하다.
- 다양한 관점에서 사물을 관찰하는 능력이 부족하다.
- 자신의 역량을 아이디어화하는 기획력이 부족하다.
- 의사전달력이 부족하다.

우리는 자신의 강점 또는 타인의 강점을 발견하려고 노력하기보다 약점을 찾는 데 더 집중한다. 그래서 조직 내 많은 사람들이 자신의 약점이 무엇인지 찾아내고 이를 보완하는 데 온 열정을 쏟는다. 특히 사물을 비판적인 시각으로 바라보는 사람들은 더더욱 그렇다.

미국 네브래스카 대학의 도널드 클리프턴 박사는 중국 탁구의 저력에 대해 원천을 분석한 결과 "중국팀 에이스는 포핸드가 강하고 백핸드가 약한데, 약점을 보강하는 훈련보다는 강점인 포핸드 훈련에 주력한다"라며 "상대가 중국선수의 약점을 잘 알고 있지만, 포핸드가 너무 강해 백핸드를 공략할 기회조차 잡지 못한다"라는 강점이론을 소개했다.

강점이론이란 강점을 강화하는 데 역량을 집중하는 것이 개인이나 기업의 경쟁력을 키울 수 있다는 이론이다. 경제학자인 피터 드러커 역시 "성과는 약점 보완보다는 강점을 강화하는 데서 산출된다"라고 주장한 바 있다.

성공한 사람들은 강점에 집중한 사람들이다. 하지만 일반적으로 사람들은 성공하려는 게 아니라 '실패하지 않기 위해' 온 힘을 집중한다. 그렇기 때문에 성공할 수 없는 것이다. 물론 치명적인 약점으로 사회에 해를 끼치거나 주위 사람들을 괴롭히는 경우도 있다. 이러한 약점은 내버려두면 문제가 되기 때문에 고치도록 노력해야 한다. 하지만 대부분의 약점은 강점을 부각시키면 자연스레 없어지거나 좋은 쪽으로 유도할 수 있다.

그러면 강점보다는 아직 약점을 발견하는 데 집중하는 사람들이

■ 강점을 강화하면 약점은 저절로 보완된다

어떻게 하면 약점을 극복할 수 있을까? 그것은 자신이 가지고 있는 강점을 발견해 이를 더욱 강화하는 것이다.

강점을 발견하는 7가지 질문은 다음과 같다.

① 당신이 하는 일 중 전혀 힘들지 않은데 남들에게는 대단하게 보이는 일은 무엇인가?

② 사람들은 어떤 분야에서 당신을 쓸 만한 사람으로 여기는가?

③ 당신이 하고 있는 일 중 당신만 할 수 있는 일은 무엇인가?

④ 현재 당신은 어떤 일을 즐기고 있는가?

⑤ 당신이 다른 사람들에게 칭찬과 인정을 가장 많이 받는 일은 무엇인가?

⑥ 사람들은 당신에게서 어떤 종류의 조언을 구하는가?

⑦ 당신의 일에서 한두 가지 분야에 더 많은 시간과 관심을 집중할 수 있다면 그것은 어떤 분야인가?

1962년부터 1975년까지 미국 아메리칸리그의 미네소타 트윈스에서 오랫동안 활약했고 메이저리그 최고 투수에게 주는 사이영 상 <sup>Cy Young Award</sup>을 수상한 적이 있는 짐 카트가 슬럼프에 빠졌을 때 코치는 이렇게 조언했다.

"새로운 기술을 연마하지 말고 주특기인 강속구를 더욱 연습하라."

우리는 직장과 사회에서 약점을 보완할 것을 자주 요구받는다. 그러나 그렇게 해서는 높은 성과를 창출할 수 없다. 약점은 강점을 강화하면 저절로 보완된다.

## 한 줄 트레이닝

자신의 강점을 찾아보고 이를 더욱 강화하기 위한 방안을 도출해보자.

| 자신의 강점 | 강점 강화 방안 |
|---|---|
|  |  |
|  |  |

# 몸 관리만 하지 말고
# 뇌 관리에 힘써라

우리는 살아가면서 몸 관리를 잘해야 한다는 말을 많이 한다. 그러나 '뇌 관리'를 잘해야 한다는 말은 그리 하지 않는 듯하다. 많은 기업들은 이미 발생한 문제를 해결하거나 미래의 신사업을 수행하기 위해 또는 불확실한 미래를 예측하고 이에 대응하기 위해 끊임없이 창의성을 요구한다.

이에 따라 직장인들은 자신의 생각을 논리의 틀에 맞춰 기획서를 작성하거나 없는 것을 새로 만들어내는 작업을 하게 된다. 그러나 이러한 과정도 타성에 젖어버리면 우리의 뇌는 둔감해진다. 또한 기업에서 짜놓은 틀에 따라 일상적으로 반복하다 보면 창조적인 작업보다는 선배들이 했던 방식을 자신도 모르게 답습하거나 반복하는 습성을 갖게 된다.

한 발자국 물러나 바라보아야 하는 상황에서도 뭘 먼저 해야 할지 뭘 뒤로 미뤄야 할지 시야가 흐려지기도 한다. 어느 줄기를 잡아당겨야 뿌리째 뽑아낼 수 있는지 핵심을 잡지도 못하게 된다.

발등에 떨어진 불을 끄기에 급급한 나머지 그동안 저장되어 있는 뇌의 창조성을 모두 소진해버리고, 뇌에 산소와 충분한 영양을 공급하지 않고 소모적으로 사용하다 보니 창조적인 아이디어가 요구되는 문제에 직면하게 되면 매우 난감해진다. 또 경력이 쌓이다 보면 자신의 뇌를 개발해 활용하기보다는 후배의 뇌를 자주 빌려 쓰게 된다. 결국 자신의 뇌가 텅텅 비어 가는 줄도 모른다. 그렇게 우리의 뇌는 점점 게을러지며 결국 한 번 학습한 것을 재사용하려고 하거나 뇌를 쓰는 것을 포기해버린다.

잠자고 있는 뇌를 활성화하기 위해서는 뇌를 협박해야 한다. '임계초과' 이상으로 협박하는 것이다. 임계초과란 죽음에 이를 정도의 극한 상황을 경험하는 것이다. 스티브 잡스는 죽음을 앞두고도 자신의 뇌를 끊임없이 활용해 아이폰4와 아이폰5 개발에 심혈을 기울였고 대중으로부터 찬사를 받았다.

재즈 오케스트라의 앙상블은 많은 악기가 동원되는데 이는 여러 악기 간의 상호작용이 중요하기 때문이다. 그러나 재즈 음악가 듀크 엘링턴은 곡을 쓸 때 악기의 종류와 연주자의 수를 제한해 연주자들이 임계상황에서 최고의 앙상블을 이루도록 작곡을 함으로써 명성을 떨쳤다.

그러면 뇌를 어떻게 활성화시킬 수 있을까?

첫째, 매사에 호기심을 가져라. 호기심은 사람을 배우고 탐구하도록 이끌어준다. 궁금한 것이 사라지면 새로운 것을 배우는 기회를 잃게 된다.

둘째, 지속성을 유지하라. 은근과 끈기를 가지고 끊임없이 지속적으로 새로운 일에 도전하라. 실패란 단어는 이 세상에 존재하지 않는다. 실패란 포기하는 사람만이 사용하는 단어다.

셋째, 유연한 사고를 가져라. 매사를 고정적으로 보기보다 자세나 상황을 변화시켜라. 사건이나 사물을 다양한 관점에서 바라보는 태도를 가져야 한다.

넷째, 모든 상황에 대해 낙관적으로 생각하라. 현재나 미래에 대해 항상 긍정적 시각으로 바라보고, 자신을 믿어야 한다.

다섯째, 모험심을 가져라. 결과를 두려워하지 말고 무조건 시작하라. 방법은 그다음에 생각해도 늦지 않다. 시작하기 전에 결과와 방법에 집중하다 보면 어떤 일도 시작하지 못한다. 시작하지 않으면 어떤 결과도 얻을 수 없다.

여섯째, 새로운 일을 만들어라. 시장의 니즈나 요청이 없더라도 목표를 정해 항상 새로운 것을 개발하는 데 힘써야 한다. 니즈나 요구가 없으면 대부분의 사람들은 아무 일도 하지 않는다. 그것은 자신의 뇌를 무작정 소비하는 일이다.

뇌를 지속적으로 관리하지 않으면 몸을 관리하지 않아 쇠약해지는 것처럼 뇌도 병이 들어 정작 필요할 때 사용하지 못하게 된다. 몸 관리만큼 뇌 관리에도 힘써라.

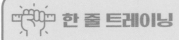 **한 줄 트레이닝**

**낙관적인 생각법**

① 하는 일에 대한 최종 아웃풋이 긍정적인 결과를 가져올 것이라고 마음속으로 상상하라.

② 일어나지도 않을 문제에 대해 미리 예단하고 고민하지 마라.

③ 성공적인 결과를 가져왔던 일이나 경험을 떠올려라.

# 스트레스

# 스트레스를
# 효과적으로 관리하라

지난 일주일 동안 회사나 가정에서 있었던 일 중 가장 스트레스를 많이 받은 일은 무엇인가? 그리고 그 스트레스가 발생한 원인은 무엇인가? 원인을 알 수 있다면 스트레스를 날려 보낼 찬스를 얻은 것이다. 스트레스는 효과적으로 관리만 된다면 일에 대한 동기요인이 되거나 문제 해결의 단초가 되기도 한다.

직장 생활을 하다 보면 여러 가지 요인으로 말미암아 스트레스를 받기 마련이다. 이 스트레스를 효과적으로 관리하면 일을 하는데 원동력이 되지만, 관리하지 않으면 여러 가지 난관에 봉착할 수 있다.

스트레스는 정신적 압박, 신체적 긴장, 정서적 불안, 불안정한 행동을 유발시킨다. 만병의 근원이 되기에 '조용한 살인자'라고도 불린다. 스트레스는 지금 자기에게 주어진 요구 수준과 이 요구에 부응

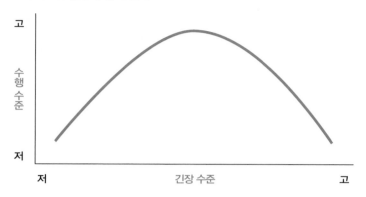

■ 스트레스와 업무 수행의 관계

고

수
행
수
준

저

저                 긴장 수준                 고

할 수 있는 능력 간에 어떤 불균형을 지각할 때 일어나는 생리적·심리적 방어체계다.

스트레스를 받으면 혈압이 상승하고 포도당이 과도하게 생성되며 동공이 확대되고 소화가 억제된다. 근육은 긴장하며 호흡이 빨라지고 땀이 나며 손발이 차가워지는 등의 반응이 나타난다. 이러한 외형적인 증상과 아울러 지적 수행능력 및 과제 수행능력이 저하되고 불안과 분노, 우울증과 무기력증이 동반된다.

반면 스트레스가 없는 것도 문제다. 스트레스가 없다면 위 그래프에서 보듯 긴장도가 떨어져 일에 대한 성과가 낮아진다. 즉 스트레스 자체가 아니라 과도한 스트레스가 문제가 되는 것이다. 내일모레 품질혁신에 대한 프레젠테이션이 있는데도 신경을 전혀 쓰지 않는 사람은 십중팔구 프레젠테이션에 실패한다.

스트레스의 원인과 증상 및 해결방안을 살펴보자. 직무 스트레스가 발생하는 원인은 다음과 같다.

첫째, 일에 대한 과중함이다. 개인의 역량과 환경 조건을 초과한 업무가 주어져 직무수행에 어려움을 겪는 것이다.

둘째, 역할의 부적절성이다. 자신의 능력에 비해 수행하는 직무의 역할이 단순하거나 복잡할 때 발생한다.

셋째, 역할의 모호성이다. 직무의 목표, 책임의 한계, 우선순위 등 자신의 직무에 대한 분명한 경계가 없어 역할이 명확하지 않을 때 발생한다.

넷째, 역할의 경계다. 책임감의 범위가 불명확할 때 발생한다. 예를 들어 사업부장은 신속하게 하라고 하고 팀장은 꼼꼼하게 하라고 하는 식이다.

다섯째, 책임감이다. 개인의 직무수행 및 대인관계에 대한 과도한 책임의식에서 발생한다.

여섯째, 물리적 환경이다. 유해한 물리적 환경에 노출되어 발생한다.

역할과 관련해 본인이 받고 있는 스트레스가 위에서 설명한 6가지 직무 스트레스 원인 중 어디에 해당하는지 살펴보자. 원인을 파악하면 자연스럽게 해결방안도 도출할 수 있다. 역할과 관련한 스트레스 대처법은 다음과 같다.

- **일에 대한 과중함:** 시간계획표를 작성해 시간을 관리하고, 일에 대한 우선순위를 정해 중요한 것부터 실시하며, 업무를 기록하

고 리더에게 보고해 업무가 과도하게 발생할 경우 이를 조정하도록 한다.

- **역할의 부적절성:** 본인의 역량을 좀 더 높은 수준으로 개발하거나 도전적인 업무를 시도해보고 업무를 전환해본다.
- **역할의 모호성:** 커뮤니케이션을 활성화하고, 기대사항을 확인하며, 평가 기준을 수립하고 역할을 정립한다.
- **역할의 경계:** 비전을 수립하고, 가치관을 재정립한 뒤, 미션을 재설정한다. 적극적으로 커뮤니케이션하고 고민이 발생했을 때 전문가의 조언이나 상담을 받는다.
- **책임감:** 업무에 대한 책임 범위를 설정하고, 관련된 사람들에게 책임 범위에 대해 이야기를 나누고 공유한다.
- **물리적 환경:** 스트레스의 발생 원인이 되는 소음 등 물리적 환경을 개선한다.

앞서 설명한 직무 스트레스뿐만 아니라 다변화되어 있는 현대의 환경에 따라 다양한 형태의 스트레스가 발생하고 있다. 신체적·정신적으로 많은 고통을 받는 사람들이 증가하고 있는 추세다.

스트레스가 발생했을 때 적극적인 대응방법을 강구해 실행에 옮기는 사람들도 있지만, 자기 자신을 포기하거나 상대를 공격 또는 자기비하나 자기비난을 하기도 한다. 스트레스를 받으면 심장박동 수가 증가하는 등 교감신경계가 활성화되므로 스트레스를 해소하려면 부교감신경계를 활성화해야 한다.

이미 몸에 영향을 주고 있는 스트레스를 해소하려면 단백질, 비타민C, 지방산, 칼슘 등이 많이 함유된 음식을 먹고, 물을 충분히 마시고 휴식을 취하거나 운동을 하는 등 몸을 많이 움직여야 한다. 조깅이나 산책 등을 통해 몸을 움직임과 동시에 햇빛을 받으며 비타민D의 체내 활성화도 높여야 한다. 비타민D의 활성화는 우울증 해소에도 큰 도움이 된다.

특히 운동은 고통을 줄이고 즐거움을 주는 호르몬인 엔도르핀을 만들어낸다. 엔도르핀은 몸속에서 저절로 생성되는 모르핀으로, 쾌감을 느끼게 하고 고통을 견디게 하려고 몸이 분비하는 물질이다. 엔도르핀은 우리가 운동을 할 때뿐만 아니라 웃을 때나 누군가를 사랑할 때도 분비된다.

## 한 줄 트레이닝

최근 발생한 스트레스 상황을 돌이켜보고 분석해보자.

| 발생한 스트레스 | 스트레스의 원인 | 해결방안 |
|---|---|---|
|  |  |  |
|  |  |  |

# 욕망과 집착을 버리고
# 새로운 것을 채워라

우리는 마음속에 소유에 대한 욕망이 있어 낡고 가치가 없는 것도 버리지 않고 쌓아둔다. 서재의 책장 위에는 몇 년이 지났는지도 모를 책들이 수북이 쌓여 있으며, 서랍 안에는 두 번 다시 사용하지 않을 여러 필기구들로 가득하다.

"언젠가는, 언젠가는 사용할 거야" 하고 우리의 뇌는 다짐하지만 그 언젠가는 다시 오지 않는다. 그 언젠가가 다시 찾아와 책장 위에서 마음에 드는 책 한 권을 발견한다고 해도 그 책은 이미 나의 손을 떠난 것이다.

'버려야 할까? 그대로 두어야 할까?'

우리는 이와 같이 많은 갈등을 하면서도 무엇 하나 쉽게 버리지 못한다. 버린다는 것은 낡고 오래된 책이나 물건에만 해당되는 것이 아니다. 마음속에 있는 병들고 찌들고 낡고 오래된 생각들도 반드시 버려야 한다. 그러나 대부분의 사람들은 무언가 버려야만 새로운 것으로 다시 채워 넣을 수 있다는 이치를 알면서도 버리지 못한다.

버릴 수 없는 것이 점점 늘어날수록 기억의 데이터베이스도 점점 복잡해지고 기억할 수 없는 것들이 늘어난다. 그럴수록 현재 자신의 마음을 살펴보는 자아인식 능력이나 자기 자신을 통제하고 관리할 수 있는 영역이 줄어들게 된다.

사람들은 버려야만 한다는 욕망과 소유해야 한다는 집착 사이에서 심한 갈등을 하게 된다. 이러한 갈등은 스트레스를 낳게 되고, 이는 두뇌시스템에 오류 신호를 보내 두뇌가 제 기능을 발휘하지 못하는 원인으로 작용하기도 한다.

마음의 평안을 찾으려면 욕망과 집착에서 탈출해야 한다. 필자는 '커뮤니케이션 과정', '사내강사 양성과정' 등 필자가 개발한 교육프로그램을 포럼이나 페이스북 등에 지속적으로 공유하고 있다. 매우 힘들고 어렵게 공을 들여 개발한 50~300쪽 정도 분량의 프로그램들이었기에 공유한다는 것이 아깝기도 했다. 그러나 많은 사람들에게서 감사하다는 연락이 왔고 이는 프로그램을 업그레이드하는 계기가 되었다. 마음속의 집착을 과감히 버려야만 새로운 것을 얻을 수 있다는 교훈을 얻은 경험이었다.

소유에 대한 욕망이 강해지면 상대에게 "이렇게 대해 달라" 또는 "저렇게 대해 달라"라는 등 요구가 많아져 상대를 불편하게 하고 관계를 악화시키는 경우가 많다. 이렇듯 무모하거나 무분별하게 소유를 늘려가면 반드시 사람들과의 관계도 나빠지고 결국 자신의 인격도 나빠진다.

　이런 것들은 모두 버려야 한다. 물건이든 마음속의 그 무엇이든 상관없다. 나눠주고 버리면 마음이 편해지고 새로운 것들로 곧 다시 채워진다. 직장인들이 특히 버려야 할 것들은 무엇이 있을까? 그것은 바로 다음과 같다

- 더 이상 누구에게도 가치가 없는 것
- 있으면 마음이 불편해지는 것
- 다른 사람들에게 상처를 주는 것
- 나누면 윈윈할 수 있는 것
- 버리면 더 새로운 것으로 채워질 수 있는 것

　이런 것들은 냉정하고 과감하게 버리거나 나눠주어야 한다. 소유하고 집착하면 정신과 육체에 상처만 남게 된다. 버리면 무언가 새로운 것으로 반드시 채워지고 행복해진다는 사실을 인식하고 주위의 쓸모없는 것들을 과감히 버리자.

　서랍 안의 쓰레기도 좋고, 남을 원망하거나 미워하는 마음도 모두 날려버려라. 한꺼번에 버리기 어렵다면 조금씩이라도 버리고 나눠주는 연습을 해보자. 그러면 초조하고 불안하고 불행했던 마음속의 먹구름은 사라지고 어느새 그 자리를 평안과 행복이라는 두 단어가 자리할 것이다.

　특히 다음과 같은 것들은 과감하게 버려야 한다.

- **우쭐함:** 올챙이 시절을 기억해야 한다.
- **관리지향적 태도:** 리더의 역할을 해야 하는데 팔로워를 관리·감독하려고 한다.
- **수동적 언행:** 신입사원 때의 민첩함을 잊어버리기 쉽다.

쌓여서 필요없는 것들은 쓰레기와 다름없다. 무언가 버려야 새것으로 채울 수 있다는 사실을 명심하자.

---

### 한 줄 트레이닝

**쓸모없는 것들을 버리고 무엇을 채우면 좋을까?**

① 능동적이고 적극적인 태도: 많은 아웃풋을 낼 수 있는 계기가 된다.

② 노력과 열정: 자기 자신 및 타인에게 동기부여가 된다.

③ 칭찬: 사람들과 좋은 관계를 맺을 수 있다.

# 구조조정을 이겨내려면
# 버킷리스트를 작성하라

경제상황이 불투명해지면 각 기업은 비용을 줄이기 위한 가장 손쉬운 방법으로 인력 구조조정을 실시한다. 많은 직장인들은 하루에도 몇 번씩 사표를 내는 모습을 머릿속에 그려보지만 그저 상상으로 그쳐버린다. 딸린 식구가 몇인데 사표라니, 생각만으로도 사치다. 특히 구조조정 시기가 되면 너 나 할 것 없이 긴장하게 된다. 이러한 구조조정 시기에 살아남으려면 어떻게 해야 할까?

1997년 한국에는 IMF라는 갑작스러운 경기 한파가 몰아쳤다. 국가부도 사태에 온 국민이 망연자실할 사이도 없이 각 기업은 인력 구조조정의 칼날을 날카롭게 빼 들었다. 필자가 근무하던 회사도 예외는 아니었다. 2년에 걸쳐 사무직의 약 절반이 회사를 떠나야만 했다. 3번에 걸친 구조조정은 상호 간의 불신을 낳았고 서로를 험담하는 등 나만 아니면 된다는 냉혹한 분위기를 조성했다.

이런 분위기 속에서 사람들은 사업 구조조정이나 인력 구조조정 등에 관심이 많아지고 사소한 소식에 설왕설래하게 된다. 그러나 이런 때일수록 자신의 일에 더욱 매진해야 한다.

필자가 선택한 첫 번째 방법은 스스로 할 수 있는 일과 할 수 없는 일을 구분하고, 할 수 있는 업무의 우선순위를 정해 액션 플랜을 수립한 뒤 이에 따라 이전보다 더 열심히 일하는 것이었다.

두 번째 방법은 "평생직장은 없다"라고 단언하고 평생직업을 갖기 위해 준비한 것이다. IMF 이전까지만 해도 평생직장은 아니었어도 특별한 과오만 없었다면 정년 50세 정도까지는 직장에서 책임을 지는 구조였다. 그러나 IMF 위기 이후 사정은 달라졌다. 언제든 누구든 직장을 떠날 수밖에 없는 상황이 된 것이다. 하지만 이 시기는 새로운 인생의 전환점을 맞이할 수 있는 기회이기도 했다. 필자에게 IMF는 평생직장이라는 관념을 버리고 평생직업인으로 살아야 한다는 결심을 하게 만든 계기가 되었으니 말이다.

세 번째 방법으로는 평생직장인으로 살아가기 위한 개인 비전을 수립했다. 그동안 직장에서 직원들을 대상으로 조직의 비전과 개인의 비전에 대해 그 중요성과 방법을 강의하면서도 정작 필자 자신의 비전은 없었다. 비전이란 자신의 미래 모습을 현재의 시각으로 미리 설계하는 것을 말한다. 머릿속의 상상으로만 미래의 모습을 그려보는 것은 '꿈'이다. 반면 '비전'이란 머릿속의 꿈을 글로 구체화한 것이다. 비전은 인생의 항로와 같다. 예를 들어 인천 국제공항에서 미국 케네디 국제공항까지 비행기가 비행할 때 항로가 없으면 언제 목적지에 도착할지 알 수 없다. 그러나 항로가 있으면 가장 짧은 시간에 목적지까지 도달할 수 있다. 그것이 바로 비전이다.

필자는 그동안 꿈은 꾸었으나 비전은 없었다. 그래서 스스로 개인 비전을 수립하게 되었고, 그 이후 수립한 비전은 삶의 이정표가 되어 흔들림 없이 인생의 항로를 비행하고 있다. 그때 수립한 필자의 비전은 다음과 같았다.

- 5년 안에 산업체 전문 강사로 독립한다.
- 3년 안에 MBA학위를 취득한다.
- 독립 후 5년 안에 문제 해결 분야에서 최고의 명강사가 된다.
- 50세까지 10억 원 정도의 부동산을 보유한다.
- 아이들을 국립대 이상의 대학에 진학시킨다.
- 부부행복지수 4.5점 이상의 결혼생활을 유지한다.

이때 수립한 비전은 마지막 항목을 제외하곤 대부분 만족할 만한 결과를 얻었다. 위기 상황이 되면 자신이 할 수 없는 일에 관심을 더 갖게 마련이다. 그러나 이것은 실패의 지름길이다.

지금 당장 버킷리스트를 작성하고 우선순위를 정하라. 이를 이정표로 삼아 살아가길 바란다. 그러면 구조조정 위기에서도 살아남게 되고 본인이 원하는 삶을 살아갈 수 있을 것이다.

버킷리스트는 긴급하진 않지만 중요한 일이다. 우리는 여기에 집중해야 한다. 일을 계획하고 미래를 위해 미리 준비하고 비전을 수립하는 것 등이다. 당신은 전체 시간 중에 버킷리스트에 얼마나 투자하고 있는가? 만일 60% 미만이라면 당신의 미래는 성공을 보장할 수 없다. 적어도 65% 이상 버킷리스트에 집중해야 한다. 물론 가장 중요한 일은 먼저 인생의 버킷리스트를 만드는 것이다.

## 한 줄 트레이닝

나만의 버킷리스트를 만들어보자.

| | |
|---|---|
| 1 | |
| 2 | |
| 3 | |
| 4 | |
| 5 | |
| 6 | |
| 7 | |
| 8 | |

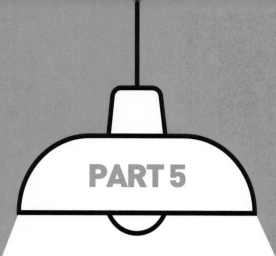

PART 5

일 잘하는 기술은
따로 있다

# 혁신

# 혁신과 개선을 해야
# 살아남는다

　지속적으로 혁신과 개선을 하지 않으면 개인과 조직은 변화의 소용돌이에서 살아남기 어렵다. 어제까지의 우량기업이 하루아침에 도산하거나 사업이 축소되는 경우를 종종 볼 수 있다. 이는 개인도 마찬가지다. 혁신과 개선을 하는 사람과 기업만이 변화에서 살아남을 수 있다. 혁신과 개선은 자동차의 네 바퀴처럼 같이 움직여야 한다.

　과거에 혁신은 어느 정도의 비용을 들이고 일부의 제한된 사람만 참여하며, 개선은 비용을 거의 또는 전혀 들이지 않고 전원 참여에 의해 이루어졌다. 일본은 개선을 통해 성장했고, 유럽은 혁신을 통해 성장했다. 그러나 오늘날에는 인터넷의 발달로 인해 정보가 실시간으로 공유되어 혁신도 저비용으로 전원 참여가 가능해졌다. 혁신과 개선을 동시에 수행할 수 있는 시대가 된 것이다.

그러나 많은 조직들이 혁신에 투자하지만 혁신 목표를 달성하는데 실패하는 경우가 많다. 매년 기업들은 평균적으로 매출의 4% 내외를 혁신을 위해 투자한다고 한다. 특히 BCG 매트릭스(BCG가 개발한 전략평가 기법)의 '스타$^{star}$'에 해당하는 사업군일수록 혁신에 투자하는 금액 비중이 높고(많게는 매출의 20%까지), '캐시카우$^{cash\ cow}$'에 해당하는 사업군의 투자액 비중은 상대적으로 낮다.

혁신에 투자하는 주된 목적은 조직마다 다르지만, 통계에 따르면 다음의 목적을 위해 혁신에 투자한다고 한다.

- 품질 향상
- 새로운 시장 창출
- 제품 라인업의 확대
- 인건비 절감
- 생산공정의 향상
- 자재 감축
- 환경적 위험요인 감소
- 제품·서비스의 대체
- 에너지 소비 절감
- 규제에 대한 대응

혁신의 성공을 위해서는 다음의 5가지 지침을 명심해야 한다.
첫째, 혁신의 목적을 분명히 해야 한다. 다시 말해 미션이나 비전을 명확히 하고, 고객 또는 주주의 이익을 위해 최선을 다하며, ISO 9000과 같은 국제표준을 정립하고, 매출 이익 등의 재무지표 등을 구체화해야 한다.

둘째, 실행 시스템을 명확히 구축해야 한다. 문제를 잘 이해하고 효과적인 해결방안을 도출해야 한다. 또한 혁신적인 아이디어를 이끌어내고 이를 잘 수용하는 조직문화를 만들며, 프로젝트 포트폴리오 관리 등 혁신 수행을 위해 다양하게 노력해야 한다.

셋째, 조직체계를 잘 구축해야 한다. 조직체계를 구성하고, 조직과 구성원들에 대한 책임과 권한의 위임 및 개인의 혁신과제 참여 활성화, 성과 독려 등의 활동이 필요하다.

넷째, 성과에 대한 모니터링 체제를 갖춰야 한다. 주요 프로젝트의 진척률과 조직 구성원의 참여율이 어느 정도인지 파악하고 체계적으로 관리할 수 있도록 모니터링해야 한다.

다섯째, 공동체 의식이 있어야 한다. 조직 구성원들은 어려움이 있을 때 일치단결해 서로 도와주고 협력하는 체제가 갖춰져 있어야 하며, 수평적·수직적 커뮤니케이션이 활성화되어야 한다. 또한 공감대를 지속적으로 높일 수 있는 장기적인 활동도 수반되어야 한다.

혁신과 더불어 기업들이 지속적으로 추진해야 하는 것은 개선이다. 앞서 설명한 바와 같이 개선과 혁신은 자동차의 네 바퀴와 같아 어느 한 바퀴라도 빠지면 기업은 지속적인 성장과 발전을 보장받을 수 없다.

혁신이 성과를 내기 위해서는 반드시 개선이 동반되어야 한다. 긴급하게 해결해야 할 과제는 혁신으로 접근하고, 단계적으로 변화를 해야 하는 분야는 개선을 통해 기업의 체질을 바꾸어야 한다. 개선의 출발점은 다른 사람의 아이디어를 잘 수렴하고 긍정적으로 반응하며 함께 이 일에 동참하는 것이다.

중요한 것은 혁신과 개선 모두 고객의 니즈에 맞춰야 한다는 것이다. 고객이 원하지 않는 혁신과 개선, 즉 고객의 니즈와 전혀 관계없는 내부의 효율화만을 위한 혁신 활동은 결국 실패하고 만다.

다시 한 번 말하지만 혁신과 개선에 대한 성공의 키는 고객이 가지고 있다는 것을 명심해야 한다. 또한 혁신과 개선은 기업에게만 필요한 것이 아니며, 기업이나 조직을 구성하고 있는 개인에게도 절실하게 필요하다. 끊임없이 혁신과 개선을 하지 않으면 개인도 기업도 살아남기 힘든 것이 4차 산업혁명 시대의 환경이자 요구다.

## 한 줄 트레이닝

자신의 업무에 대한 개선 및 혁신 계획을 수립해보자.

| 분야 | 개선 및 혁신 방법 | 일정 |
|------|------------------|------|
|      |                  |      |
|      |                  |      |

# 목표

## 목표는
## 비전 달성의 가교다

비전을 달성하려면 구체적인 목표가 있어야 한다. A라는 산의 정상에서 B라는 산의 정상까지 가장 빠른 시간에 도달하려면 다리를 놓거나 케이블카를 설치하는 방법뿐이다. 다리가 없으면 몇 개의 골짜기와 산봉우리를 건너야 A산의 정상에서 B산의 정상까지 다다를 수 있다. 시간도 많이 걸리고 에너지도 그만큼 많이 소모된다. 가교나 케이블카를 설치하면 가장 빨리 이 산에서 저 산으로 넘어갈 수 있다. 비전이 산 정상에 오르는 것이라면 목표는 가교나 케이블카를 설치하는 일과 같다.

목표를 설정하는 이유는 첫째, 자원의 투입 기준이 되기 때문이다. 강을 건널 것인지 바다를 건널 것인지 자신이 정한 목표에 따라 어떤 자원을 얼마만큼 투입할 것인지가 결정된다. 강을 건너는 것이 목표라면 뗏목만 있어도 가능하지만, 바다를 건너려면 모터가 달린 일정 규모 이상의 배와 식량 및 배를 조정하는 선장과 항해사도 필요하고 독도법 등도 사전에 숙지해야 한다.

둘째, 행동의 방향을 결정할 수 있기 때문이다. 여행의 목적지가 바다인지 산인지 강인지에 따라 취해야 할 행동의 방향이 결정된다. 목적지가 바다인데 산으로 간다면 자신이 원하는 비전을 달성할 수 없다.

셋째, 평가 보상의 기준이 되기 때문이다. 어떤 목표를 어느 정도 수준으로 수행했는지에 따라 평가가 달라지고 이에 따른 보상도 달라진다.

그런데 대부분의 사람들은 목표를 설정하지 않는다. 자신이 한 일에 대해 평가를 받는 중요한 기준이 되는데도 목표 수립을 소홀히 하는 경우가 참으로 많다. 높은 목표를 달성하려면 먼저 성취욕을 느낄 수 있는 도전적인 목표를 설정해야 하며, 다음으로 목표 달성이 의미하는 바를 생생히 표현해 묘사해야 한다.

대부분의 사람들이 목표를 설정해 관리하지 않는 이유는 목표를 설정하는 방법을 모르거나 안다고 하더라도 그 의미를 잘 모르기 때문이다.

그렇다면 목표는 어떻게 설명하고 관리해야 할까?

첫 번째, 핵심 기대 결과, 즉 KRA<sup>Key Result Area</sup>를 설정해야 한다. KRA는 개인이나 특정 단위 조직이 관심을 갖고 성취하고자 하는 업무 수행의 결과다. 이는 '반드시 성취해야' 하고 개인 또는 특정 단위 조직의 '성패를 좌우하는' 성과로써 고객 만족, 품질 향상, 역량 확보, 체력 증진 등으로 표현할 수 있는 것을 말한다.

두 번째, 핵심 성과 지표, 즉 KPI<sup>Key Performance Indicator</sup>를 설정해야 한다. KPI는 핵심 기대 결과를 성공적으로 달성했는지 판단하는 기준이 되는 것으로, 관찰·측정 가능한 용어로 표현되어야 한다. 이는 어떠한 평가 기준이든 객관적으로 표현되어야 한다는 것이다. 객관적인 지표란 '정량적 수치' 또는 '유무', 'yes or no'로 표현되는 것을 말한다.

■ **목표 설정 단계(예시)**

핵심과제: 고객 서비스 개선
목표 설정

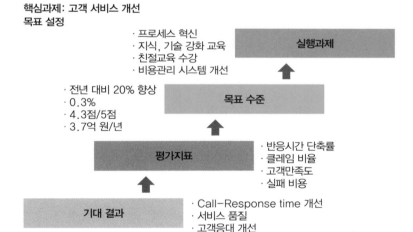

예를 들어 한 회사 영업부서의 핵심 과제가 기존 제품에 비해 신규 제품의 판매 비중을 높이는 것이라고 가정하자. 이때 이 부서의 KRA, KPI를 살펴보자.

- 핵심과제: 신제품의 판매 비중 향상

- KRA: 신제품의 시장점유율 확대

- KPI

- 기존 제품 대비 신제품 시장점유율(%)

- 신제품 매출액(억 원)

- 시장 규모 대비 매출액(억 원)

하나의 KRA에는 여러 개의 KPI가 포함되며 이들은 KRA와 상호 보완관계에 있어야 한다.

또한 KPI 설정 시 현 수준도 반드시 기술되어야 한다. 그래야만 어느 정도 향상되었는지를 평가할 수 있기 때문이다.

■ 목표 설정 예시

| KRA | KPI | 현 수준 | 목표 수준 | 향상률 | 일정 |
|---|---|---|---|---|---|
| 매출 증대 | 매출액(억 원/년) | 1,750 | 1,950 | | |
| | 판매수량(대/년) | 55,000 | 65,500 | | |
| | 시장점유율(%) | 23 | 27 | | |
| | 인당매출액(억 원/년) | 1.5 | 1.57 | | |
| 생산성 향상 | 생산대수(대/월) | 25,670 | 28,900 | | |
| | 설비가동률(%) | 89 | 97 | | |
| 품질 향상 | 불량률(%) | 0.5 | 0.2 | | |
| | 실패비용(천만 원/년) | 8.9 | 3.5 | | |
| | 클레임 비율(%) | 2.2 | 1 | | |
| 역량 제고 | 토익 점수(점) | 750 | 940 | | |
| | 자격취득건수(건/년) | 3 | 5 | | |

목표 설정은 SMART원칙(한 줄 트레이닝 참고)에 따라 구체적으로 작성해야 한다. 목표가 없는 비전은 실행 가능성이 낮다. 따라서 개인이나 조직의 비전을 달성하기 위해선 반드시 구체적인 목표를 수립해야 한다. 자동차를 구동하려면 엔진$^{engine}$과 툴$^{tool}$을 연결해야 하는 트랜스미션$^{transmission}$이 있어야 가능한데, 여기서 트랜스미션의 역할을 하는 것이 바로 목표 설정이다.

 한 줄 트레이닝

SMART원칙을 알아보자.

- Specific: 구체적인
- Measurable: 측정이 가능한
- Action-oriented: 실행 중심인
- Relevant the key problem: 핵심문제에 부합하는
- Time-bound: 시한이 분명한

# 큰일을 성취하려면
# 디테일을 놓치지 마라

개인과 조직의 성패는 무엇에 영향을 받을까? 실패한 일이나 사람들을 분석해보면 전략적인 접근의 오류로 실패한 경우도 있지만 디테일한 부분이 미흡한 경우가 많다. 또 전략의 실패도 자세히 들여다보면 역시 디테일한 부분 때문인 경우가 많다. 일의 우선순위는 중요한 것부터 시작하되 실행은 디테일하게 추진해야 한다. 성공한 조직이나 사람들을 봐도 편법이나 잔꾀를 부려 성공한 경우는 없다. 일시적으로 성공을 거둘 수는 있어도 지속 가능한 성공은 힘들다.

대부분의 기업들은 여러 가지 시스템을 도입하고 제도를 개선하지만 이것을 실행으로 옮기는 경우는 드물다. 규정과 원칙을 반드시 지켜야 한다는 디테일이 부족하기 때문이다. 패션 브랜드 폴로는 사업 초기에 바느질을 엉성하게 해 고객들로부터 많은 클레임을 받았다. 그 후 바느질을 할 때는 1인치에 8땀 이상으로 떠야 한다는 규정이 생겼고, 이후 20년 이상 안정적으로 사업을 유지하고 있다. 8땀이라는 디테일이 기업 성장의 발판이 된 것이다.

필자는 경영대학원 재학 시절, 수강과목이었던 회계학 기말시험에 세금계산서 작성법이 있었다. 해당 항목의 점수는 15점으로 필자는 15점 중 13점을 받았다. 만일 기업의 회계 담당자가 15점 만점에 13점에 해당하는 세금계산서를 발행했다면 기업에 치명적인 오류를 남길 수 있다. 2점 차이가 학생이었다면 시험점수로 계산되어 별 문제가 되지 않겠지만, 기업이라면 고객사나 고객을 잃을 수도 있는 중대한 오류가 된다. 15-13=2가 아니라 15-13=마이너스(-)가 되는 것이다.

경기 안양시에 있는 한 콩비지감자탕집은 개업한 지 30여 년이 된 곳으로, 연 매출 16억 원이 넘는 유명한 맛집이다. 30여 년이나 된 감자탕집이지만 처음부터 이렇게 장사가 잘되었을까? 아니다. 그저 육수를 우려내고 돼지 뼈를 넣어 끓이는 흔한 감자탕집으로 고객들의 외면을 받았던 곳이다. 그런데 작은 디테일 하나가 큰 성공을 불렀다. 바로 기존 감자탕에 콩을 갈아 만든 비지를 넣은 것이다.

그런가 하면 뻥튀기 돌벽지로 연 매출 30억 원, 자산 60억 원을 거머쥔 서민갑부가 있다. 우리가 주위에서 흔히 볼 수 있는 돌과 달리 '질석'에는 수많은 공기층이 있어 열을 가하면 뻥튀기처럼 팽창하는데 서민갑부는 이러한 물리적 특성을 활용해 오랜 노력 끝에 질석가루를 이용한 벽지를 개발했다. 타일처럼 생긴 이 돌벽지는 일반 벽지의 3배 가격에 판매되지만 곰팡이 예방은 물론 단열과 방음 효과가 탁월해 고객들로부터 큰 사랑을 받고 있다. 또한 방열효과도 높아 해외에서도 찾는 고객들이 늘어나고 있다고 한다. 보통 사람이라면 그냥 지나쳤을 질석의 속성을 잘 이용해 거부가 된 것이다.

과거 250m 수심에서 방수가 되는 최고급 기술을 이용한 손목시계가 개발되어 출시된 적이 있었다. 천문학적인 개발비가 들어갔음은 물론 많은 시간도 투입되었다. 이 시계는 성공을 거두었을까? 유감스럽게도 실패의 교훈만 남겼을 뿐이다.

잠수정 등을 사용하지 않고 인간이 잠수할 수 있는 깊이가 어느 정도인지를 파악하지 않은 채 기술 개발에 착수한 것이 실패 요인이었다. 인간이 잠수할 수 있는 수심은 잠수복을 입고 압축공기를 사용하는 경우 수심 60m 정도가 한계이며, 그 이상은 질소 마취, 산소 중독 같은 잠수병 때문에 위험하다. 물론 헬륨가스232를 이용한 혼합기체를 사용하면 약 33m 정도까지도 잠수가 가능하다. 반면 첨단기술로 제작된 잠수정을 이용하는 경우에는 지구상 가장 깊은 바닷속까지 잠수가 가능하다. 즉 잠수정을 이용한 과학탐사선에 탑승하는 과학자들 이외에는 굳이 방수시계를 사용할 이유가 없었던 것이다. 이처럼 수심 250m까지 잠수할 일이 없는 고객들에게 외면받은 방수시계는 기술과는 무관하게 실패할 수밖에 없었다.

작은 디테일은 기업에 치명적인 영향을 미친다. 성공적인 많은 기업들은 훌륭한 기술을 보유하고 있지만, 그 자체가 성공을 보장하는 것은 아니다. 기술은 기업의 성공에 필요한 요소 중 하나일 뿐이다.

투입 요소가 좋으면 결과가 좋을 가능성이 있는 것이지, 꼭 좋은 결과가 나오는 것이 아니다.

그러면 디테일로 성공하려면 어떻게 해야 할까?

첫째, 일일 업무일지를 작성하고 관리한다. 일일 업무일지를 작성해 시간별 계획을 수립하고 관리하면 빠짐없이 업무를 수행할 수 있다. 이를 통해 미달성 원인 및 대책안, 그리고 자기성찰을 통해 실수나 오류의 재발을 방지할 수 있다.

둘째, '모자람'과 '남김' 없이 일을 계획하고 실행한다. 모자라면 자신이 수행하는 업무를 완벽하게 실행할 수 없다. 자동차가 구동하려면 가속 페달이 있어야 하는데 이것이 없다면 자동차가 본래의 기능을 발휘할 수 없다. 반면 과하거나 지나치면 자원의 낭비를 초래한다. 자동차의 바퀴가 4개면 충분한데도 불구하고 6개를 장착

■ 일일 업무일지

일자: 2019년 ○○월 ○○일

| 시간 | 업무내용 | 이해관계자 | 달성 여부 |
|---|---|---|---|
| 08:30~10:00 | ○○제품 불량 원인 대책 수립 | 생기팀 조일수K, QC팀 김만수C | ○ |
| 10:00~12:00 | SQC과정 개발 코스 디자인 | ○○컨설팅 이진수 컨설턴트 | ○ |
| … | – | – | – |
| 15:00~17:30 | ○○부품 협력업체 선정 | 외주관리팀 팀장 QA팀 정찬일B | X |
| 미달성 원인 | 외주업체 선정 기준의 불명확성 | | |
| 대책안 | 02.07 ○○사, ○○사 벤치마킹 후 재논의 | | |
| 성찰 | 'Plan', 'Do', 'See'에 의한 구체적인 액션 플랜을 수립하고 업무를 진행할 것 | | |

한다면 2개는 낭비다.

셋째, 클라이언트의 디테일한 요구에 귀를 기울인다. 산업이 발전하면서 고객은 더욱 세분화되고 요구도 다양해졌으며, 수시로 변화하고 그 속도도 매우 빠르다. 이럴 때 자칫 간과하기 쉬운 것이 시장을 세분화하는 것에 소홀히 하고 작은 목소리에 귀를 기울이지 못하는 것이다.

공들여 쌓은 탑도 작은 돌 하나가 부족해 무너질 수 있다. 1%의 부족은 마이너스의 실패를 가져올 수 있다는 것을 명심하자.

 **한 줄 트레이닝**

**완벽한 업무 수행을 위한 Tip**

① 생각은 대범하게 하고 실행은 디테일하게 하라.

② 작은 것을 소홀히 해 실패한 일을 교훈으로 삼아라.

③ 성찰을 통해 자기 자신을 끊임없이 리엔지니어링(Reengineering) 하라.

# 병렬처리

## 병렬처리로
## 업무 사각지대를 없애라

　업무는 병렬로 처리해야 낭비를 최소화할 수 있으며 혁신과 개선이 가능하다. 다음 페이지의 프로세스 표와 같이 부문별 혁신활동을 통해 각각의 성과가 50%씩 달성되었다고 가정해보자. 이 경우 전사적 차원에서 50%의 개선효과를 창출했다고 할 수 있을까? 유감스럽게도 그렇지 않다.

　부문별로 50%의 성과를 창출했으니 모두 합산하면 전사적으로 50%의 성과를 창출했다고 생각하는 것은 당연한 것처럼 보인다. 그러나 실제로는 단지 몇 %의 성과에 지나지 않을 수도 있다. 왜냐하면 부문과 부문 사이에는 어느 누구도 관심을 갖지 않는 업무의 사각지대가 존재하기 때문이다. 이 사각지대에서 아무도 관심을 갖지 않는 다양한 문제들이 발생하고 있으며, 부서 간 핑퐁게임이 오가는 등 갈등이 일어난다.

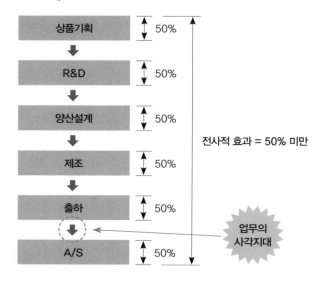

■ 프로세스

| 상품기획 | 50% |
| R&D | 50% |
| 양산설계 | 50% |
| 제조 | 50% |
| 출하 | 50% |
| A/S | 50% |

전사적 효과 = 50% 미만

업무의 사각지대

업무를 잘하느냐 아니냐는 이러한 업무의 사각지대를 살펴볼 수 있는 능력의 유무에 따라 좌우된다. 사각지대에 대한 개선 없이는 전사적인 관점에서 100%의 혁신을 기대할 수 없다. 따라서 과제를 해결하거나 업무를 수행할 때는 반드시 프로세스적 관점에서 업무를 살펴보면서 어디에서 병목현상이 발생되고 문제가 발생하는지 파악해 이를 해결하는 것이 중요하다.

다시 말해 비즈니스 프로세스를 리엔지니어링<sup>reengineering</sup> 하라는 것이다. 유사한 업무를 여러 부서에서 겹쳐 수행하고 있다면 이를 통폐합해야 하며, 고객에게 아무런 가치를 제공하지 못하는 불필요한 업무를 수행하고 있다면 이를 제거해야 한다. 다른 부서에서 수행하는 것이 효율적이라면 해당 부서로 업무 이동을 해야 하고,

고객에게 새로운 가치를 창출하는 업무라면 새롭게 업무를 창조해야 한다.

프로세스를 리엔지니어링 했다면 이번에는 업무를 병렬로 처리해야 한다. 여기서 업무의 직렬처리와 병렬처리란 무엇인지 알아보자.

직렬처리란 '연구 기획' 업무가 100% 모두 종료된 후 다음 공정

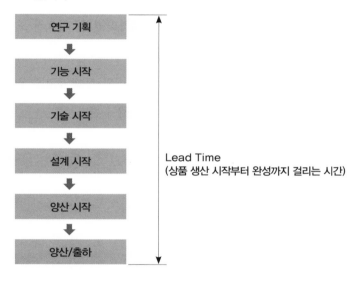

■ **직렬처리**

Lead Time
(상품 생산 시작부터 완성까지 걸리는 시간)

■ **병렬처리**

Lead Time

인 '기능 시작' 업무를 시작하는 것을 의미하며, 병렬처리란 '연구기획' 업무의 일부가 종료되는 즉시 그 정보가 실시간으로 '기능 시작' 업무로 전달되어 2단계 업무를 1단계 업무와 거의 동시에 수행하는 업무처리 방식을 말한다.

병렬처리 방식의 장점은 업무와 업무 사이의 사각지대를 없애 낭비요소를 제거할 수 있으며, 고객에게 제품이나 서비스를 인도하기까지의 소요 시간을 현격하게 줄일 수 있다는 것이다.

오늘날 병렬처리 업무가 가능하게 된 것은 IT 기술의 발달 덕분이다. 병렬처리 업무를 좀 더 효과적으로 수행하려면 IT 기술의 도움을 받는 것과 동시에 관련 업무를 수행하는 사람들을 한 공간에 공동 배치하고, 한 사람의 프로젝트 리더가 관리와 통제의 기능을 동시에 갖도록 환경이나 시스템을 새롭게 구축해야 한다.

## 🖐 한 줄 트레이닝

조직에서 핑퐁게임이 오가는 업무들은 무엇이며 해결방안은 무엇인지 생각해보자.

| 업무 | 관련 부서 | 해결방안 |
|------|-----------|----------|
|      |           |          |
|      |           |          |

## 프레젠테이션

# 프레젠테이션 도사가 되어
# 존재감을 드러내라

프레젠테이션은 직장인에게 위기이자 기회다. 한 번 실수하면 그동안 쌓아왔던 노력이 와르르 무너질 가능성이 높다. 반면 성공적인 프레젠테이션은 자신의 존재감을 공개적으로 사람들에게 각인시킬 수 있는 좋은 기회다. 실수로 잃어버린 명성을 단박에 만회할 수도 있다. 직장 생활에서 프레젠테이션은 피해갈 수 없으며, 그 중요성은 날이 갈수록 부각되고 있다.

국내 한 컨설팅 기관에서 전문경영인을 대상으로 "당신이 CEO가 되었던 비결이 무엇입니까?"라는 질문에 72%가 스피치 능력과 프레젠테이션 능력이라고 답했다. 그만큼 프레젠테이션 능력은 자신의 업무 능력을 돋보이게 하는 마술과 같다.

보고는 어떻게 하느냐에 따라 상사의 승인 여부가 결정된다. 아무리 훌륭한 기획서나 업무계획도 상사의 승인을 받지 못하면 실행할 수 없고, 실행할 수 없으며, 어떤 성과도 기대할 수 없으며, 성과가 없으면 상사로부터 좋은 평가를 받을 수 없다. 이처럼 보고는 개인의 성과에 막대한 영향력을 미치는 매우 중요한 의사결정 단계다.

그런데 팔로워들은 보고 시 다음과 같은 실수를 반복하는 경우가 많다.

- 진행 상황을 시의적절하게 보고하지 않는다.
- 상사가 물어보지 않으면 보고하지 않는다.
- 상사가 묻는 사항의 핵심이 무엇인지 파악하지 못한다.
- 완벽한 준비 없이 보고한다.
- 논리적이지 못하며 두서없이 장황하게 보고한다.

보고는 적시에 이루어져야 한다. 그런데 타이밍을 놓치는 경우가 종종 발생한다. 버스가 지나간 다음 손을 드는 격이다. 또한 상사가 물어보지 않으면 보고하지 않는 일도 부지기수다. 보고란 반드시 문서를 통해 이루어져야만 하는 것은 아니다. 구두 보고도 보고다. 수시로 일의 진척 상황을 상사에게 보고해야 한다. 또한 보고서가 전달하고자 하는 결론이나 자신의 주장이 명확하지 않고 핵심 메시지가 불분명한 경우도 많다. 이럴 경우 상사의 입장에서 보면 참 답답할 뿐이다.

그러면 프레젠테이션 도사들은 어떤 비법이 있을까?

첫째, 도표와 그래프를 적절히 사용한다. "금년도 에어컨 판매실적을 지역별로 말씀 드리겠습니다. 서울 350억 원, 경기 370억 원, 충청 120억 원, 강원 77억 원, 전라 220억 원, 경상 310억 원, 제주 22억 원입니다." 이와 같이 발표를 하게 되면 어느 지역에서 얼마나 판매되었는지 보고자료가 한눈에 들어오지 않는 데다 지역별 비교도 어렵다. 그러나 그래프를 사용하면 지역별 판매실적과 비교치를 한눈에 볼 수 있어 클라이언트를 쉽게 이해시킬 수 있다.

둘째, 지나치게 논리를 앞세우거나 사소한 문제를 확대하지 않는다. 지나치게 논리를 앞세우면 상대가 결정을 독촉하는 느낌을 받게 된다. 또한 사소한 문제를 확대해 말하면 상대를 압도하는 분위기가 조성되어 클라이언트가 압박을 받고 있다고 생각하게 된다.

셋째, 3단(시간·공간·관점) 분법을 활용한다.


**• 시간**

유통구조의 문제를 말씀 드리자면

과거에는 유통망의 문제였습니다.

현재는 유통인력의 문제입니다.

앞으로는 물류비용이 문제가 될 것으로 예상하고 있습니다.


**• 공간**

3/4분기 매출 현황을 지역별로 보고 드리겠습니다.

중부지역은 234억 원의 매출실적을 올렸고,

경기지역은 355억 원의 매출실적을 올렸으며,

부산지역은 500억 원의 매출실적을 올렸습니다.


• **관점**

이 문제에 대한 원인은 크게 3가지 관점에서 볼 수 있습니다.

첫째는 소프트웨어의 관점이고,

둘째는 시스템적인 관점이며,

셋째는 운영상의 관점입니다.


넷째, 프레젠테이션은 결론 중심으로 시작한다. 보고서는 먼저 결론을 언급하고 문제, 원인, 해결방안, 구체적인 실행계획, 향후 관리방안 등을 요약해 작성하며, 필요 시 상세 자료는 별첨으로 첨부해


■ 보고 ABC

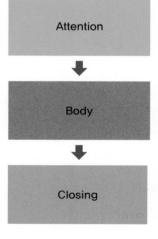

| | |
|---|---|
| **Attention** | · 보고 주제를 말한다.<br>· 주의를 집중시킨다.<br>· 설득 목표, 결론 등 요점을 말한다. |
| **Body** | · 근거1을 말한다.<br>· 근거2를 말한다.<br>· 근거3을 말한다. |
| **Closing** | · 요약 정리한다.<br>· 핵심 내용을 강조한다.<br>· 인상 깊게 마무리한다. |

승인을 얻을 수 있도록 해야 한다. 명확한 의사전달을 위해선 '보고 ABC' 3단 논법에 의해 상사에게 명확히 메시지를 전달해야만 승인을 받을 수 있는 가능성이 높아진다.

보고의 첫 번째 단계는 자신의 주장이나 결론을 설명하고 주의를 집중시키는 것이다. 결론을 먼저 이야기해야만 향후 전개되는 내용을 논리적으로 풀어갈 수 있다.

## Attention(도입)

- 보고 주제를 말한다.

예) "중부지역 택배 시장점유율 제고방안 프로젝트 진행현황을 보고 드리겠습니다."

- 주의를 집중시킨다.

예) "프로젝트 진행 결과 다음과 같은 '근본적인 원인'과 '…해결 방안'을 도출했습니다."

- 요점을 말한다.

예) "근본적인 원인으로는 첫째, 영업사원들의 영업기술이 경쟁사에 비해 매우 낮았으며, 둘째, 프로젝트 리더의 리더십이 부족하고, 셋째, 고객정보 시스템이 구축되어 있지 않은 것이 원인으로 분석되었습니다."

두 번째 단계는 결론이나 자신의 주장에 대한 근거나 이유 등을 제시해 이를 증명하는 단계다. 결론이나 주장에 대한 근거가 없다면 상사는 보고 내용을 신뢰하지 않을 가능성이 높다. 근거는 가능한 한 정략적인 데이터를 제시해야 한다. 그렇지 않으면 객관적이지 못하고 단순한 자기주장일 뿐이다.

## Body(본론)

- 근거1을 말한다.

예) "첫 번째 이유는 고객은 …을 원하고 있다는 것입니다. …통계를 보면 그것이 잘 드러나 있습니다. …사례를 보면 더욱 잘 알 수 있습니다."

- 근거2를 말한다.

예) "두 번째 이유는 …의 원료는 5년 후에 바닥이 날 것이라는 것입니다. …에 이런 정보가 있습니다. …도 이런 분석을 했습니다."

- 근거3을 말한다.

예) "그런데도 우리는 그동안 아무런 대책을 준비하지 않았다는 것입니다. …를 보면 잘 알 수 있습니다. …을 보면 그 심각성을 명확히 알 수 있을 것입니다. 따라서 이에 대한 해결방안으로 … 을 도출했습니다."

세 번째 단계는 앞의 내용을 요약 정리하고 핵심 내용을 강조하며 감동적으로 마무리를 하는 단계다. 이 단계에서는 자신의 강력한 실행의지를 밝히는 것도 중요하다.

## Closing(결론)

- 요약 정리한다.

예) "지금까지 말씀드린 것을 요약하면 …입니다."

- 핵심 내용을 강조한다.

예) "특히 …은 매우 중요한 문제이므로 전사적인 차원의 지원이 필요합니다."

- 인상 깊게 마무리한다.

예) "이와 같은 문제점과 원인을 해결할 수 있는 …방안을 실시한다면 시장점유율 35% 점유는 확실하다는 것을 강조드리며, 이 방안이 반드시 실현될 수 있도록 결정해주시기 바랍니다. 제게 이 프로젝트를 맡겨주시면 기필코 성공하도록 하겠습니다. 이상 … 건에 대한 보고를 마치도록 하겠습니다."

상사의 승인을 받으려면 '결론 → 결론에 대한 근거(증명) → 핵심 내용 강조 및 실천의지'라는 3단계를 명확히 구분해 절차대로 보고해야 한다. 또한 사전에 보고서나 기획서도 이에 맞춰 작성되어야 한다.

다섯째, 질문에 대한 답변도 '감사 → 질문 확인 → 답변 → 부연 설명(또는 근거) → 답변 확인'의 절차에 따라 진행해야 한다.

■ 질문에 대한 답변

| 감사 | 질문 확인 | 답변 | 부연설명 | 답변 확인 |
|---|---|---|---|---|
| "좋은 질문 감사합니다." | "…에 대한 질문이시죠?" | "그 답은 …입니다." | "좀 더 설명드리자면", "예를 들자면", "다시 말하자면" | "충분한 답변이 되었는지요?" |

질문에 잘못 응대해 프레젠테이션(보고)을 망치는 경우가 종종 발생한다. 질문을 받으면 질문에 대한 감사를 표하고 '확인하기 질문'을 통해 상대방이 한 질문을 요약해 다시 질문을 해야 한다. 확인하기 질문을 하는 이유는 상대방의 이야기를 잘 경청하고 있다는 것과 상대방이 의도한 질문 내용을 본인이 잘 이해하고 있는지 확인하고 함께 참석한 다른 청중들에게도 질문의 내용을 이해하기 쉽도록 돕기 위한 것이다. 그리고 답변한 다음 이에 대한 근거를 제시하거나 부연설명을 하면 된다. 또한 사전에 예상 질의응답표를 만들어 질문에 미리 대비하는 것도 좋은 방법이다.

이 외에도 프레젠테이션을 할 때 유의해야 할 점은 열정적이고 도전적으로 보고해야 한다는 것이다. 보고서의 장표 또한 강렬하고 힘이 느껴지는 이미지로 만들어야 하며, 내용도 다소 호전적인 것이 좋다.

## 한 줄 트레이닝

**효과적인 프레젠테이션 Tip**

① 먼저 그래프와 차트를 적절히 사용한 뛰어난 기획서를 작성한다.

② 연습, 또 연습한다.

③ 예상 질문에 대한 답변을 미리 작성해본다.

# 시간을 효율적으로
# 관리하라

시간은 누구나 관리할 수 있으며 공평하다. 과거는 미래의 삶에 대한 지침이 되기 때문에 미래의 삶도 바꿀 수 있다. 아리스토텔레스는 "지금 우리의 모습은 우리가 반복적으로 한 행동의 결과다"라고 정의한 바 있다. 따라서 미래는 스스로 결정할 수 있고 시간은 본인의 마음과 선택에 따라 얼마든지 관리할 수 있다.

그러나 대부분의 사람들은 중요하지 않지만 긴급한 일, 중요하지도 긴급하지도 않은 일에 시간의 대부분을 할애한다. 오른쪽 표를 통해 사람들의 시간관리 현황을 살펴보자.

■ 사람들의 시간관리 현황

| | 중요하지 않음 | 중요함 |
|---|---|---|
| 긴급하지 않음 | · 하찮은 일, 잡담<br>· 사적인 전화<br>· 시간낭비거리<br>· 현실도피성 소일거리<br>· 쓸데없는 이메일, SNS<br>· 과도한 TV 시청 | · 준비<br>· 예방<br>· 가치관, 비전 확립<br>· 계획<br>· 인간관계 구축<br>· 자기계발<br>· 휴식 |
| 긴급함 | · 급한 질문<br>· 일부 메일, 보고서<br>· 일부 회의<br>· 눈앞에 닥친 긴급한 상황<br>· 다른 사람들의 사소한 문제 | · 위기<br>· 중대한 문제<br>· 마감시간이 가까운 프로젝트<br>· 회의 준비<br>· 생리현상<br>· 긴급한 보고 |

성공학 컨설턴트 스티븐 코비 박사는 도표의 첫 번째 칸을 '낭비의 시간', 두 번째 칸을 '속임수의 시간', 세 번째 칸을 '필수의 시간', 네 번째 칸을 '리더십의 시간'이라고 정의했다. 두 번째 칸을 속임수의 시간이라고 정의한 것은 '중요하다'라는 의미와 '긴급하다'라는 의미가 완전히 다른데 대부분의 사람들은 '긴급함이 중요함'이라고 착각한다는 것이다. 이 칸의 일들은 긴급하긴 하지만 실제로는 개인과 조직의 성과와는 무관한 영역이라고 할 수 있다. 그런데 실제로 조사를 해보니 사람들은 자신의 일상 중 50~60%를 이 영역에 투입하고 있었다.

■ 사람들의 시간관리 현황 비율

(단위: %)

|  | 중요하지 않음 | 중요함 |
|---|---|---|
| 긴급하지 않음 | 6 → 0.5 | 15 → 65~70 |
| 긴급함 | 50~60 → 15 | 25~30 → 20~25 |

그러면 어디에 집중해야 할까? 실제 15%밖에 사용하지 않는 네 번째 칸인 '리더십의 시간'에 자신의 시간을 65~70% 할애해야 한다. 예를 들어 미래를 위해 역량을 개발한다거나 계획을 세우거나 비전을 수립하는 일 등에 집중하는 것이다.

그러면 시간을 어떻게 하면 효율적으로 관리할 수 있을까? 그것은 우리의 일이나 삶을 다음과 같이 리엔지니어링하면 된다.

■ 리엔지니어링 방법

| + | 직무수행 또는 내 삶에서 꼭 필요해 추가할 것. 증가시킬 것 |
| --- | --- |
| − | 직무수행 또는 내 삶에서 불필요하므로 제거하거나 감소시킬 것 |
| * | 직무수행 또는 내 삶에서 선택과 집중을 통해 대폭 배가시킬 것 |
| / | 직무수행 또는 내 삶에서 계산하지 않고 대가 없이 나누어 줄 것 |
| = | 직무수행 또는 내 삶에서 변함없이 항상 유지할 것 |

## 한 줄 트레이닝

리엔지니어링 계획을 작성해보자.

| + | |
| --- | --- |
| − | |
| * | |
| / | |
| = | |

# 2:8법칙

# 중요한 것을
# 먼저 하라

"근무 시간이 끝났으니 퇴근한다. 퇴근하려는데 한 잔만 걸 치자고 한다. 한 잔 걸치고 집에 와서 밥 먹는다. 밥 먹다 보니 TV에서 이 프로는 꼭 보라고 외쳐댄다. TV를 보고 난 후 이리 저리 채널을 돌려본다. 보고 나니 졸리다. 졸리니 잠잔다. 자다 보니 벌써 출근 시간이다. 허겁지겁 집을 달려 나간다. 그러다 보니 주말이 왔다. 프로 야구, 축구, 농구 이야기가 한창이다. 노 래방, 단란주점, 당구, 고스톱 이야기도 한창이다. 집들이, 백일 잔치, 송별회, 동창회, 야유회, 환영식과 환송식 등으로 주말은 평일보다 더 바쁘다. 사회생활을 하다 보면 그것이 정상적으 로 보이고, 바쁘다고 이야기를 하면서도 그 바쁨을 은근히 즐 긴다. 그러다가 아무러면 어떠랴. 때 되면 월급 나오고, 때 되면 보너스 나오고, 때 되면 남들과 비슷하게 진급도 되어 간다. 상식을 모두 따라야만 하는 생활 속의 관성, 오늘의 나를 절대로 가만 놔두지 않는 일상의 유혹, 땀 흘리기보다는 절대 땀 안 흘리기를 원하는 안일 본능, 이런 것들을 과감히 배반하고 물리치지 않는 한 이런 사람은 평생토록 전문가 근처에도 이르지 못한다."

— 이만재, 칼럼 〈어떤 이의 생활〉

이 글은 자신의 삶에서 중요한 것이 무엇인지 생각해볼 시간도 없이 바쁘게만 살아가는 우리들의 일상을 은유적으로 표현했다.

'2:8의 법칙', 일명 '파레토의 법칙'이라는 용어를 경영학에 처음으로 사용한 사람은 품질 경영 컨설턴트인 조지프 주란이다. 파레토의 법칙은 주란이 "이탈리아 인구의 20%가 이탈리아 전체 부의 80%를 가지고 있다"고 주장한 이탈리아의 경제학자 빌프레도 파레토의 이름에서 따왔다. 빌프레도 파레토는 1906년 이탈리아의 불균형적인 부富의 분배 탓에 20%의 인구가 80%의 부를 소유하고 있다는 것을 나타내는 수학 공식을 만들었다. 파레토의 법칙은 경제학에서만 볼 수 있는 현상이 아니라 사회 문화 전반에 나타난다. 자신에게 걸려오는 전화의 80%는 본인이 잘 아는 20%의 사람들로부터 걸려오고, 회사에서는 20%의 핵심 인재가 80%의 성과 창출에 기여하며, 자신의 업무 성과의 80%는 수행하는 업무 중 핵심 업무 20%에 의해 결정된다고 한다.

2:8의 법칙은 다음의 사례들에서도 찾아볼 수 있다.

- 20%의 핵심 고객이 전체 매출의 80%를 차지한다.
- 전체 상품 중 20%의 주요 상품이 80%의 매출액을 차지한다.
- 20%의 근본 원인이 문제의 80%를 일으킨다.
- 20%의 운전자가 전체 교통 위반의 80% 정도를 차지한다.

필자가 근무하던 L그룹의 설비 담당자들 중 A직원은 설비 고장률이 낮고 여유 있게 직장 생활을 하며 높은 고과를 받는 반면, B직원은 매일 늦은 밤까지 설비 트러블 슈팅trouble shooting; 고장 수리을 하기 일쑤였다. A직원에게 설비를 잘 관리하는 비결을 물어보니 그는 설비별로 고장을 일으키는 주요 부품이 있는데 이 부품을 중심으로 예방보전을 실시한다고 했다. 고장이 나기 전에 충분히 점검하고 조치를 하니 B직원에 비해 고장률이 현저히 낮을 수밖에 없었다. 그리고 고장이 나도 신속하게 대응할 수 있었다.

열심히 일하는 것보다 더 중요한 것은 성과를 내는 것이다. 자갈 5kg과 모래 5kg을 유리병에 넣는다고 하자. 무엇을 먼저 넣어야 할까? 모래부터 넣고 자갈을 넣으면 자갈 사이의 빈 공간을 채울 수 없다. 반면 자갈을 먼저 넣고 모래를 넣으면 자갈의 빈 공간까지 모두 모래로 채울 수 있어 10kg을 모두 채울 수 있다.

진정 중요한 것이 무엇인지 모르기에, 모든 것이 중요해 보인다. 모든 것이 중요해 보이기에, 우리는 모든 것을 다해야 한다. 불행하게도 다른 사람들에게 모든 것을 다하는 사람으로 보이기에, 그들은 우리가 모든 것을 다해 줄 것으로 기대한다. 모든 것을 다하느라고

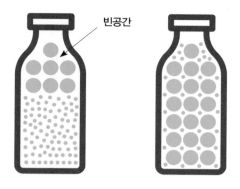

빈공간

너무나 바쁘기에, 우리에게 진정 중요한 것이 무엇인지 생각해 볼
짬조차 없다. 그래서 중요한 것을 놓쳐버리고 진정 가치 있는 것을
잃어버리는 경우가 많다. 혹시 이 모습이 우리의 모습은 아닐까?

지금 하고 있는 일에 대해 다음과 같이 점검해보자.

- 내가 하고 있는 일이 나에게 가치 있는 일인가?
- 내가 하고 있는 일이 고객에게 유익한가?
- 내가 하고 있는 일이 기업의 성과와 직접적으로 관련이 있
  는가?
- 내가 하고 있는 일이 동료들에게도 도움이 되는가?
- 내가 하고 있는 일이 나의 비전 달성에 기여할 수 있는가?

자신이 수행하고 있는 업무를 나열해보고 체크리스트에 따라
평가한 후 중요도에 따라 자신의 가용 자원을 배분하면 인풋 대비
아웃풋을 극대화할 수 있다.

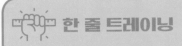 **한 줄 트레이닝**

자신의 업무 우선순위를 파악해보자.

| 업무 | 중요도 평가 | 순위 |
|------|-----------|------|
|      |           |      |
|      |           |      |
|      |           |      |
|      |           |      |

# 책임을 추궁하는 대신
# 해결책에 초점을 맞춰라

우리는 지난 과거에 사로잡혀 일보 전진하지 못하는 경우가 참 많다. 그런데 지나간 시간은 그 누구도 되돌릴 수 없다. 물론 여기서 말하는 시간이란 절대적 시간을 말한다. 따라서 지나간 과거에 대해 왈가왈부하는 것은 시간 낭비에 불과하다. 지나간 시간은 되돌릴 수 없다. 대신 지나간 시간을 통해 현재를 성찰하는 것은 매우 중요하다. 여기서 성찰이란 잘못한 과거를 거울삼아 다시 반복하지 않겠다는 다짐으로, 잘못을 따지거나 질책하라는 의미가 아니다.

어느 날 당신이 참석한 회의에서 책임 추궁을 받게 되었다면 그때 당신의 기분은 어떨까? 이루 말할 수 없이 불쾌할 것이다. 그런데도 사람들은 책임자를 찾는 데 혈안이 되어 있고 그 책임을 추궁하는 데 몰두하는 경우를 종종 볼 수 있다. 이는 다음 사례에서도 잘 드러난다.

어느 날 SKY-22제품의 품질문제에 대한 회의가 개최되었다. 전자제품 사업부장은 왜 이렇게 경쟁사보다 품질 불량이 높은지 물었고, 품질관리팀장은 R&D 단계에서 제대로 설계가 되지 않았으며 특히 Design FMEA가 되지 않았기 때문이라고 그 책임을 연구 부문에 전가한다. 그런데 해당 제품을 개발한 연구팀장은 개발프로세스에 따라 신기술도 적용하고 VE, DFA, IE, Design FMEA도 철저히 실행해 시제품 테스트 결과 문제가 없어 양산에 이관했는데 이는 생산공정 중에 공정관리 및 품질관리를 잘못했기 때문에 불량문제가 발생한 것이라고 항변한다. 그러자 제조부서장은 외주관리부서에서 외주 품질관리를 잘못해 불량 부품이 입고되어 불량이 난 것이라고 책임을 전가한다. 회의는 결론도 없이 서로에게 책임을 떠넘기는 것으로 끝나버렸다.

책임 추궁과 같은 입씨름에는 건설적인 가치가 전혀 없다. 서로가 잘못이 없다고 핑퐁게임이 오고 가는 상황에서는 손을 들어 경기를 중단하는 것이 좋다. 결론도 없고 끝도 없기 때문이다. 입씨름에 휘말린 상황이라면 두 손을 들고 "이제 그만 하시죠"라고 말하는 것이 가장 좋은 방법이다. 책임 추궁을 하면 문제의 본질이 흐려지고 끝도 없다. 서로 불신만 조성되고 갈등만 발생할 뿐이다.

이런 때는 책임 추궁보다 문제가 무엇이고 또한 그 문제를 일으킨 원인이 무엇인지 파악해 해결방안을 찾는 데 주력해야 한다. "이

자리에서 누구누구에게 책임이 있는 것인지 따지는 것은 무의미합니다. 각 부서에서 문제의 원인이 조금씩 발생한 것일 수도 있으니 그 원인을 먼저 규명하고 해결방안을 찾는 것이 중요하지, 책임 여부를 따지는 것은 무의미합니다. 우리 다 함께 머리를 맞대고 해결방안이 무엇인지 찾아보도록 합시다"라고 말해야 한다.

물론 책임자를 찾아내 처벌해야 하는 경우도 있다. 예를 들어 공금을 유용한 사람, 규정과 규칙을 위반하거나 비도덕적인 행위를 한 사람이 있다면 반드시 원인 제공자를 찾아내어 응당한 대가를 치르도록 해야 한다.

그러나 대부분의 상황에서는 "누가 이 일에 원인을 제공했습니까?", "누가 이 문제를 일으켰습니까?"라고 말하는 것보다 "이 문제를 해

■ 바람직하지 않은 말 vs. 바람직한 말

| 바람직하지 않은 말 | 바람직한 말 |
|---|---|
| 책임자를 찾아내는 데 초점을 맞춘다.<br>예) "누가 이 일을 벌인 것입니까?" | 문제 해결에 초점을 맞춘다.<br>예) "이 문제를 어떻게 해결하면 좋을까요?" |
| 계속 말싸움을 하도록 내버려둔다.<br>예) "우리 잘못이 아니라고요."<br>"그러면 우리 잘못입니까?" | 입씨름을 중단시킨다.<br>예) "이제 그만합시다." |
| 과거의 잘못을 추궁한다.<br>예) "어째서 품질 문제를 방치한 겁니까? 도대체 이 문제를 언제 해결하자는 건가요?" | 근본 원인을 찾아낸다.<br>예) "품질 문제를 발생시킨 근본 원인은 무엇인지 살펴보면 어떨까요?" |

출처: 박봉수, 『태어나서 처음 하는 진짜 리더십 공부』, 퍼플카우, 2015.

결하려면 어떻게 하면 좋을까요?"라고 말하는 것이 좋다.

　과거형 질문보다는 미래형 질문을 많이 함으로써 문책보다는 해결지향적인 자세를 지향해야 한다. 지난 과거는 타산지석으로 삼아 재발하지 않도록 해야 하며 더욱 중요한 것은 "어떻게 하면 좋을까요?"라는 질문을 많이 하는 것이다.

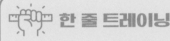 **한 줄 트레이닝**

**해결안에 초점을 맞춘 질문하기**
① 좋은 아이디어입니다. 추가적인 아이디어는 더 없을까요?
② 훌륭한 생각입니다. 좀 더 구체적으로 말씀해주실 수 있나요?
③ 여러분의 생각은 어떻습니까?

# 문제 해결 프로세스를
# 익혀라

　업무를 잘 수행하려면 문제를 잘 해결해야 한다. 예를 들어 영업 업무를 수행한다고 하자. 현재 매출이 1,900억 원이고 금년도 영업 목표가 2천억 원이면 100억 원의 갭을 메우기 위해 영업 행위를 해야 하는데, 여기에서 이 갭을 문제라고 정의한다. 이 갭을 줄이기 위해 '중국 고객에 대한 프로모션 강화'라는 업무 활동을 한다고 하면 '프로모션 강화'를 업무라고 할 수 있다. 여기에서 목표와 현상과의 갭을 줄이는 활동을 문제 해결이라고 한다. 따라서 '업무=문제 해결'이라고 정의할 수 있다. 그러므로 업무를 잘 수행해 높은 성과를 창출하기 위해서는 문제 해결을 잘해야 한다.

　문제를 해결하기 위한 프로세스는 다음과 같다.

■ 문제 해결 프로세스

| 테마 선정 | 문제 분석 | 원인 분석 | 해결안 도출 | 액션 플랜 수립 |

문제 해결의 첫 번째 단계는 테마를 선정하는 것이다. 테마를 선정하는 방법은 3C/FAW, SWOT, 4P, 7S, Business System 등 분석도구를 활용해 내·외부 환경을 분석한 후 도출하는 방법과 스폰서나 상사가 테마를 제안하거나 문제 해결자 스스로가 테마를 도출한 다음 이해관계자와 협의를 통해 도출하는 방법이 있다.

■ 테마 선정 예시

| 테마 | TW08 Switch 불량 개선 | 기간 | 년    월 ~    년    월 |
|------|----------------------|------|----------------------|
| 테마<br>선정<br>배경 | 1. 실패비용 연간 3.5억 원 절감<br>2. 고객클레임 저감(1.5% → 0.3%)<br>3. 브랜드 이미지 제고<br>4.<br>5.<br>6. | | |

이때 테마 선정 배경도 기회와 위협요인 측면에서 기술해야 한다. 테마 선정 배경을 기술하는 목적은 문제 해결의 전체적인 방향을 설정하는 지침이자 이해 관계자를 설득하는 데 필요하기 때문이다.

두 번째 단계는 문제를 분석하는 것이다. 앞서 문제란 목표(기대하는 결과)와 현상(현 수준)과의 갭이라고 정의했다. 이 갭을 분석하는

■ 문제란?

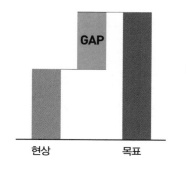

GAP

현상　　　　목표

문제란 어떤 대상의 현재 수준과
바람직한 수준과의 차이를 말하는 것

· 모르는 것
· 당혹해하고 있는 것
· 변하고 있는 것
· 달성해야만 하는 것
· 논의해야만 하는 것
· 결론을 내야만 하는 것
· 의견이 분분한 것

단계가 바로 문제 분석이다. 문제를 어떻게 정의하느냐에 따라 문제
해결의 결과가 달라지므로 문제를 명확히 정의하고 분석하는 것은
매우 중요하다.

예를 들어 '은행업무의 효율화'를 테마로 선정하고 다음과 같이
문제를 정의했다고 하자.

**문제정의 1:** 은행점포가 많지 않아 접근성이 떨어진다.
**문제정의 2:** 은행원의 업무처리 속도가 느려 대기시간이 길다.
**문제정의 3:** 은행에 꼭 방문해야만 은행업무를 볼 수 있다.

"은행점포가 많지 않아 접근성이 떨어진다"라고 문제를 정의하
면 도출할 수 있는 대안은 점포를 늘리는 것이다. 그러면 접근성
이라는 문제는 해결할 수 있으나 또 다른 문제, 즉 추가적인 높은 비
용이 발생하게 된다.

"은행원의 업무처리 속도가 느려 대기시간이 길다"라는 문제를 해결하기 위해선 은행원의 수를 늘리는 대안을 도출할 수 있는데, 이 또한 추가비용이라는 장벽에 부딪히게 된다.

그런데 "은행에 꼭 방문해야만 은행업무를 볼 수 있다"라는 문제에서 도출할 수 있는 해결방안은 인터넷 뱅킹, 모바일 뱅킹 등인데 이 방안은 고객에게도 이익이 되고 은행에도 이익이 되는 합리적인 대책안이 된다. 이처럼 문제를 어떻게 정의하느냐에 따라 결과 값이 달라지므로 문제 분석은 문제를 명확히 정의하는 것이 관건이다.

세 번째 단계는 문제를 일으킨 원인을 분석하는 것이다. 원인을 명확히 규명해야 해결방안을 도출할 수 있다. 해결방안이란 문제를 일으킨 요인을 어떤 방법으로 제거할 것인지 아이디어를 도출하는 것이기 때문이다. 그런데 대부분의 문제 해결자들이 오류를 범하는 것이 문제와 원인을 명확히 구분하지 못한다는 것이다. 예를 들어

■ 문제 분석 예시

| 영역 | 문제 | 점수 | 핵심문제 |
|---|---|---|---|
| 상품개발 | 고객이 추구하는 핵심가치가 무엇인지 모름 | 6 | |
| | ○○생약제 개발 전문 역량이 미흡함 | 10 | ○ |
| | | 5 | |
| | | 3 | |
| 마케팅 | 신규 고객에 대한 접근성이 매우 취약함 | 7 | |
| | 경쟁사 대비 자사에 대한 핵심 고객의 충성도가 낮음 | 10 | ○ |
| | | 7 | |
| 생산 | 필요 생산 기술력에 대한 조기 확보가 매우 어려움 | 5 | |
| | 설비관리 체계가 미흡함 | 4 | |

"몹시 배가 아프다"라는 문제가 있다면 원인은 과식, 과음, 부패한 음식 섭취 등이 있을 수 있는데, 배가 안 아프려면 문제를 일으켰던 원인을 제거하면 해결된다. 예를 들어 과식한 것이 문제의 원인이라면 과식하지 않게 하는 방법을 도출하는 것이다. '맛없는 반찬으로 식단 짜기', '저녁 6시 이후 금식하기' 등이 해결방안인 것이다. 그런데 여기에서 과식, 과음 등을 문제로 정의하는 경우도 많다. 하지만 과음, 과식은 원인이다.

네 번째 단계는 문제를 일으켰던 원인을 어떤 방법으로 제거할 것이지 아이디어를 도출하는 해결방안 단계다. 해결방안을 도출하는 데 중요한 것은 창의력이다. 창의란 "과거에 습득했던 지식과 지혜를 해체 또는 결합해 새로운 것을 만들어내는 것"이라고 정의할 수 있다.

예를 들어 현재의 스마트폰이 개발되기까지 여러 상품이 개발되어 출시되었다. 초기에는 통신기능만 있었지만 여기에 MP3, 인터넷, 캠코더 등의 기능이 추가되어 새로운 상품들이 개발되었다. MP3도 인터넷도 캠코더도 기존에 모두 존재하던 상품들이다. 이 기능을 기존의 휴대폰에 결합한 것이다. 이것이 창의이며 해결방안 도출이다.

■ 해결방안 도출 예시

핵심문제(생약제 개발 전문 역량이 미흡함)의 근본 원인들을 해결하기 위한 창의적인 방안은 무엇인가?

| 근본 원인 | 해결방안 |
|---|---|
| 1. 임상실험 전문가 부족<br><br>2. 핵심 TRM(Training Road Map) 부재<br><br>3. 기술정보 관리 시스템 부재 | 1. R&D 육성체계 수립<br>2. Multi generation product plan 수립<br>3. KMS(Knowledge Management System) 구축<br>4. TDR(Tear Down and Redesign) 운영<br>5. 1인 1프로젝트 실시<br>6. 히트 상품 개발자 조기 임원승진제 |

마지막 단계는 해결방안에 대한 액션 플랜을 수립하는 것이다. 이때는 간트 차트라는 도구를 활용해 'Plan', 'Do', 'See' 3단계로 작성한다. 유의할 점은 담당자는 '생산기술팀 김○○ 대리'처럼 개별화하는 것이다. '생산기술팀'이라고 담당을 정하면 생산기술팀의 그 누구도 이 과제 해결에 관심을 보이지 않을 수 있기 때문이다. 그리고 기간은 시작과 끝을 명확히 기술해야 한다. 예를 들어 기간을 '1/4분기'라고 하면 1월 1일부터 3월 31일까지 91일의 차이가 있으므로 기간을 명확히 명시해야 한다. 3개월이면 고객의 니즈가 변해 해결방안이 무용지물이 될 가능성도 있기 때문이다.

여기에서 Plan 단계란 어떤 일을 실행하기 위해 초안을 만들고 계획이나 기획안을 수립한 후 품의를 하는 단계까지를 말한다. Do 단계는 해결방안을 실행하고 그 결과를 보고하는 단계까지, See 단

# ■액션 플랜 예시

해결안: R&D 육성체계 수립

| 세부 실행계획 | | 담당자 | 추진일정 6월 | 7월 | 8월 | 채택여부 |
|---|---|---|---|---|---|---|
| Plan (준비) | 1. 육성방향 수립 | 박성훈 | → | | | |
| | 2. 니즈 조사 실시 | 김소현 | → | | | |
| | 3. 육성계획 수립 초안 작성 | 박성훈 | → | | | |
| | 4. 관련 부분 협의 | 박기란 | → | | | |
| | 5. 육성체제 수립 품의 | 조영래 | → | | | |
| Do (실행) | 1. 워크샵 실시 | 박성훈 | → | | | |
| | 2. 핵심 아웃풋 도출 | 박성훈 | → | | | |
| | 3. Competency 도출 | 박성훈 | → | | | |
| | 4. Core Competency 규명 | 김소현 | → | | | |
| | 5. K.S.A 도출 | 홍지훈 | →| | | |
| | 6. R&D 육성체계 기본안 도출 | 박성훈 | | → | | |
| | 7. 진단/검증 | 이승규 | | → | | |
| | 8. 육성체계 최종안 도출 | 조영래 | | → | | |
| | 9. 개발 실행계획 수립 및 실행 | 김재훈 | | | → | |
| | 10. 실행결과 보고 | 박상천 | | | → | |
| See (결과평가) | 1. 부서별, 개인별 실행결과 평가 | 박성훈 | | | → | |
| | 2. 실행상 문제점, 개선방안 도출 | 이승규 | | | → | |

계는 실행 후 모니터링하고 실행상의 문제점을 파악하고 개선하는 과정을 말한다.

상사로부터 좋은 평가를 받기 위해서는 업무를 잘 수행해야 하는데 이를 위해선 문제 해결을 잘 해야 한다. 따라서 다양한 문제 해결 프로세스와 툴을 학습하고 실행하는 일은 조직 구성원에게 반드시 필요한 역량이다.

**한 줄 트레이닝**

자신이 당면한 문제를 기술하고 해결방안을 도출해보자.

| 문제 | 원인 | 해결방안 |
|------|------|---------|
|      |      |         |
|      |      |         |

# 가치귀착

## 논리적 사고뿐만 아니라
## 가치귀착도 중시하라

논리가 없으면 상대를 설득하기 매우 어렵다. 특히 기획서를 많이 작성해야 하는 사람들에게 논리적 사고는 매우 중요하다.

마케팅전략 기획서를 작성한다고 가정해보자. 기획서 목록의 순서는 '전략기획의 추진배경→현황→세부내용→기대효과→액션플랜→ 팔로우업 플랜follow-up plan → 협조요청' 순일 것이다. 이렇게 작성하는 것이 일반적인 기획서의 작성 원리이자 원칙이다. 그런데 협조요청을 먼저 기술하고 구체적인 추진방법 없이 기대효과만을 기술했다면 그 누구도 이 기획서에 동의하지 않을 것이다. 논리적이지 못하기 때문이다. 그래서 직장인에게 논리적인 사고는 매우 중요하다.

만일 누군가가 "홍길동은 비만이다"라는 말에 동의했다면 "홍길동은 무겁다"라는 말에도 동의해야 한다. 논리적이라는 것은 이치가 맞아야 하기 때문이다. 각각의 상황에 적합한 진술이 되기 위해서는 이치가 명제에 적합해야 한다.

만일 "돼지는 뚱뚱하다"라는 말에 동의했다면 "돼지는 무겁다"라는 말에도 동의해야 한다. 또 "칼 루이스가 빨리 달린다"라고 인정한 사람은 "칼 루이스가 달리고 있다"라는 것도 인정해야 한다. "지구는 둥글다"라고 믿는 사람은 "지구는 네모다"라는 것을 인정해서는 안 된다. 이것이 바로 논리가 요구하는 '말의 이치'다. 너무 뻔한 이야기라고 생각하는가? 어렵게 느껴지는 논리학에서도 이렇게 당연하고 단순한 이치를 다룬다. 이것이 바로 논리적 사고의 요점인 것이다.

우리는 흔히 '논리적 사고'라는 말에서 어떤 심오하고 통찰력 있는 사상적 업적을 이룩했던 위대한 사상가나 과학자를 떠올리거나, 실낱같은 단서를 포착해서 범인을 찾아내는 셜록 홈즈와 같은 명탐정을 연상한다. 논리적 사고가 그런 재주라고 한다면 아무나 가질 수 없을 것이다. 그래서 우리는 논리적 사고가 뭔지는 몰라도 매우 어려운 것이라고 단정한다. 그러나 논리적 사고는 보통 사람에 비해서 엄청난 사고력이나 지능을 가진 사람들, 또는 많은 공부를 한 사람들만 할 수 있는 어려운 것이 아니다. 심지어 "논리적 사고는 조금만 노력하면 누구나 할 수 있다"라고 말하는 것도 틀린 것만은 아니다.

누구나 늘 논리적 사고를 하고 있다. 집에서 학교까지 30분이 걸리고 1교시 수업은 20분 후면 시작하는데, 이제 집에서 출발하는 경우 대부분의 사람들은 불안과 초조감에 휩싸인다. 의식적으로 노력하지 않고도 '학교에 지각하게 된다'라고 이미 추리해냈기 때문이다.

논리는 시간의 지배를 받는다. 따라서 논리적 사고를 증진하려면 앞뒤 순서를 잘 배열하는 연습을 하는 것이 중요하다. 예를 들어 냉장고를 개발하려면 고객의 니즈를 분석해 메인 설계도를 구성하고 세부 부품을 설계하며 부품을 조달해 시제품을 만들고 시험을 하는 절차가 이루어져야 고객이 원하는 상품을 개발할 수 있다. 그런데 이러한 행위들은 한 번에 할 수 있는 것이 아니고 어떤 한 행위가 마무리된 다음에야 그다음 행위를 할 수 있다. 여기에서 문제는 어떤 순서로 하는 것이 더 빠르고 편하고 안전하며 효과적인가 하는 것이다. 그것이 바로 논리다. 논리적 사고는 설득의 척도다.

사람들은 논리에 의해 설득을 하기도 하고 설득을 당하기도 한다. 그러나 반드시 논리에 의해서만 설득할 수 있는 것은 아니다. 그냥 눈으로 보거나 느껴서 '좋다', '나쁘다'를 결정하는 경우도 많다. 이것을 우리는 '가치귀착 value attribution'이라고 한다. 가치귀착이란 객관적인 데이터나 논리보다는 지각된 가치를 바탕으로 사람이나 사물을 판단하려는 인간의 성향을 말한다.

이 가치귀착의 대표적인 심리 실험이 워싱턴 D.C.의 한 지하철역에서 시행된 적이 있다. 어느 날 아침 오전 7시 15분, 랑팡플라자 지하철역에서 평범한 한 남자가 청바지 차림에 야구모자를 쓰고 350만 달러짜리 스트라디바리우스 바이올린으로 연주하기 까다로운 곡을 연주했다. 그는 현존하는 최고의 바이올리니스트 조슈아 벨로, 내로라하는 공연장에서 매회 전석 매진을 기록하는 연주자였다. 지하철역에서의 콘서트는 43분 동안 계속되었지만 카메라 플래시도 터지지 않았으며 박수를 치는 이도 없었다. 그날 아침 그곳을 지나간 1,097명 중 걸음을 멈추고 그의 연주를 감상한 사람은 단 몇 명에 불과했다.

비록 범상치 않은 매우 뛰어난 연주라고 하더라도 청바지에 야구모자를 쓴 평범한 모습에 수많은 사람들은 자신이 인지한 가치(청바지, 야구모자, 지하철)만으로 당대 가장 뛰어난 거장의 연주를 그냥 길거리 음악 정도로 치부해버린 것이다. 이처럼 가치귀착은 관심을 쏟을 만한 가치가 무엇인지 재빨리 판단할 수 있는 심리적 지름길의 역할을 한다.

월등히 좋은 원단과 원료를 사용한 동대문표 1만 원짜리 등산복과 같은 공장에서 동대문표 등산복보다 좋지 않은 원단과 원료를 사용한 유명한 브랜드의 로고가 찍힌 50만 원짜리 등산복 중 어떤 옷이 더 많이 팔릴까?

길가에 내놓은 30년 된 낡은 가구를 보고 당신은 높은 가치가 있는 가구일 수도 있을 거라고 생각하는가? 아니면 낡고 오래되어 내다 버린 물건이 틀림없을 것이라는 반응이 저절로 나오는가? 아마 후자일 것이다.

당신이 만일 데이트 상대를 선택하는데 모든 조건이 같은 대신 외모가 수려한 사람과 이와 정반대인 사람이 있다고 가정해보자. 두 사람 중 하나를 선택하라면 누구를 선택하겠는가? 바보가 아닌 이상 십중팔구는 전자를 선택할 것이다.

이와 마찬가지로 가치귀착은 물건뿐만 아니라 사람들을 바라보는 인식에도 큰 영향을 준다. 그래서 우리는 멋있어 보이는, 아름다워 보이는, 권위 있어 보이는 사람을 맹목적으로 따르고 그렇지 않은 사람이나 물건에 대해서는 무시하는 경향이 있다. 멋있고 아름다운 연예인을 광고에 활용하는 것도 가치귀착 때문이다. 사람들은 연예인이 광고하는 상품에 열광한다. 이것이 가치귀착의 효과다.

프레젠테이션 자료를 만들 때도 논리적 사고에 입각해서 자료를 구성해야 함은 물론이거니와 "보기 좋은 떡이 먹기도 좋다"라는 말처럼 눈에 띄는 멋진 자료를 만들어야 한다. 그래야 상대를 효과적으로 설득하는 데 한발 앞서나갈 수 있다.

## 한 줄 트레이닝

**가치귀착을 증대하는 방법**
① 자신을 적극적으로 타인에게 알린다.
② 외모 등 외적인 요소에 대해서도 신경을 쓴다.
③ 자신의 강점을 더욱 강화시킨다.

# MOT

# 진실의 순간을
# 포착하라

미국의 사업가 루지 피터슨은 스칸디나비아항공<sup>SAS</sup> 비행기를 타기 위해 공항으로 향했다. 그는 공항에 도착해서야 호텔에 항공권을 두고 온 사실을 알게 되었다. 하는 수 없이 창구에 가서 항공권을 두고왔다고 이야기했다. 놀랍게도 항공사 직원은 "걱정하지 말고 비행기를 타세요"라고 대답했다.

직원은 피터슨을 비행기에 태운 뒤 그가 머물렀던 호텔에 연락해 항공권을 가지고 오게 했다. 그날 이후 피터슨은 SAS의 평생고객이 되었다. SAS의 성공신화를 만든 얀 칼슨은 기업이 흥하고 망하는 것은 기업이 고객을 접했을 때 감동을 주는 진실의 순간<sup>MOT; Moments of Truth</sup>에 의해 결정된다고 말한다. 그러므로 모든 기업의 1순위 목표는 '진실의 순간을 관리하는 것'이다.

원래 MOT란 'Moment De La Verdad'라는 스페인어를 영어로

옮긴 것으로, 스페인의 투우에서 투우사가 투우 소에게 일격을 가하는 최후의 순간, 즉 실패가 허용되지 않는 매우 중요한 순간을 말한다. 이는 고객만족에 대해 최초로 연구한 스웨덴의 마케팅학자 리처드 노먼이 '서비스 제공자와 고객과의 접촉의 순간'을 투우의 결정적 순간에 비유해 사용했다. 이후 SAS의 얀 칼슨이 고객과의 접점에 있는 종업원들이 제공하는 서비스의 질이 고객확보의 기회임을 강조하면서 고객만족 이론의 핵심용어로 자리 잡게 되었다.

얀 칼슨은 자신의 저서 『고객을 순간에 만족시켜라』에서 한 해 1천만 명의 승객이 각각 5명의 SAS의 종업원들과 접촉하고 있다고 보고 SAS의 진실의 순간은 "1회 고객 응대시간을 평균 15초로 계산하면 1회에 15초 동안 1천만 번 정도를 고객의 마음에 SAS의 서비스 이미지를 새겨 넣는 것이다"라고 정의했다. 즉 1년간 고객의 뇌리에 5천만 번 정도 SAS의 인상이 새겨지는 셈이라고 할 수 있으며, 이 5천만 번의 MOT가 결국 SAS의 성공을 좌우한다고 이야기한 것이다.

그는 MOT를 도입한 지 불과 1년 만에 SAS를 연 800만 달러의 적자회사에서 1,700만 달러의 흑자회사로 전환시켰다. 이로 인해 고객만족 경영은 유럽과 미국을 비롯해 전 세계적으로 확산되는 계기가 되었다.

그러면 어떻게 MOT를 관리하면 좋을까? 첫째, MOT 사이클 전체를 관리해야 한다. 경영관리에서 MOT란 고객이 조직의 어떤 일면과 접촉하는 접점이다. 서비스를 제공하는 조직과 서비스를 받는 고객 사이에서 발생하지만 다음과 같은 순간에도 발생한다.

- 고객이 상품을 검색할 때
- 고객이 상품에 노출되었을 때
- 고객이 광고를 볼 때
- 고객이 기업의 로비에 들어설 때
- 고객이 기업 종업원들의 유니폼을 볼 때

MOT는 이와 같이 기업의 여러 자원과 직간접적으로 접하는 모든 순간이 될 수 있다. 이 결정적인 순간들이 하나하나 쌓여 서비스 전체의 품질을 만든다. 고객과 직접 접촉하는 접점에서 발생하는 MOT가 특히 중요한 것은 고객이 경험하는 서비스의 품질이나 만족도에는 '곱셈의 법칙'이 작용된다는 점이다. 즉 여러 번의 MOT 중 하나만 실수를 해도 한순간에 중요한 고객을 잃어버릴 수 있다. 100-1=99가 아니라 100-1=0 또는 마이너스(-)가 될 수 있다는 것이다. 그렇기 때문에 MOT는 비즈니스 시스템 또는 사이클 전체를 잘 관리해야 한다.

둘째, MOT는 고객의 관점에서 관리되어야 한다. 서비스 제공자가 일반적으로 빠지기 쉬운 함정 중의 하나는 자신이 해당 분야의 최고 전문가이기 때문에 고객의 니즈를 고객 이상으로 잘 알고 있다고 착각하는 것이다. 그러나 서비스 제공자와 서비스를 받는 고객의 시각은 크게 다른 경우가 많다.

■ 서비스 제공자의 시각 vs. 고객의 니즈

| 서비스 제공자의 시각 | | 고객의 니즈 |
|---|---|---|
| · 따뜻한 홍차나 녹차<br>· 음식의 맛<br>· 다양한 서비스<br>· 서비스맨의 친절함<br>· 숙박 비용 | **vs.** | · 냉커피<br>· 공간 분위기<br>· 안락하고 편안함<br>· 서비스맨의 청결도<br>· 편안하고 아늑한 침실 |

　이와 같이 서비스 제공자와 고객의 니즈 사이에는 많은 시각 차이가 있을 수 있기 때문에 MOT를 효과적으로 관리하기 위해서는 항상 고객의 목소리에 귀를 기울여야 한다.

　셋째, MOT는 파트너십이 중요하다. 본명보다 흑왕이라는 별명으로 유명한 명마 메를린이 있다. 메를린은 투우를 하는 말로 투우를 할 때 후진과 사이드스텝을 자유자재로 구사하고, '페트롤컨트롤(투우 소 앞에서 페이크 동작을 취해 소를 속이는 것)'에도 매우 능하며, 위급한 상황에서도 제자리 회전을 해 소의 동선과 미세한 움직임을 파악하고 대응한다. 메를린은 주인과 일심동체가 되어 현명하게 소를 농락한다. 곁눈질 등으로 소의 움직임과 상태를 스스로 파악해 소 주위를 뱅뱅 돌거나 소에게 돌진을 해 투우사가 일격을 가하도록 도와준다. 메를린의 동영상을 보노라면 환상에 빠진 듯한 느낌이 들 정도다. 어쩌면 그렇게 사람보다도 더 영리하게 결정의 순간을 알 수 있는 것일까? 이는 투우사와의 파트너십 때문에 가능한 일이다. 이렇듯 MOT는 파트너십이 있을 때 시너지 효과를 발휘한다.

삶의 성패를 결정짓는 진실의 순간이란 언제일까? 고객들과 관계를 맺는 순간만일까? 아니다. 고객들과 관계를 맺는 순간뿐만 아니라 사람들과 직간접적으로 관계를 맺는 모든 순간이 진실의 순간이므로 매 순간 최선을 다해야 한다. 열심히 자기계발을 하고, 사람들에게 친절하고 예의 바르게 대하라. 열정적으로 일하는 매 순간이 진실의 순간이며, 진실의 순간이 우리의 삶을 변화시키고 성공의 길로 우리를 인도한다는 사실을 잊지 말아야 한다.

특히 당신이 훌륭한 리더나 팔로워라고 생각한다면 팔로워와 리더를 연결하는 매개체의 역할뿐만 아니라 리더와 팔로워가 서로 효과적으로 소통하도록 도와주는 연결통로가 되어야 한다. 그러기 위해서는 매 순간을 진실의 순간으로 규정짓고 업무에 임해야 한다.

## 🤜 한 줄 트레이닝

자신의 업무에서 진실의 순간은 어느 때인지 체크해보자.

| 주요 업무 | 진실의 순간 |
|---|---|
| | |
| | |

# 위기는 기회의
# 또 다른 말이다

세계적인 호텔 리츠 칼튼의 창업자 호스트 슐츠는 불황기 경영전략에 대해 이렇게 말했다.

"경기 불황이 새로운 비즈니스를 시작하는 데 부정적인 영향을 미친다고 생각하지 마라. 불황기에도 사람들은 여행을 한다. 핵심은 여행객이 우리 호텔을 선택하도록 하는 데 있다."

많은 기업들은 불황에 직면할 경우, 연구개발비, 교육비, 설비 투자비 등을 대폭 삭감하거나 하던 일을 중단하기도 한다. 심지어는 영업사원의 출장비까지 삭감한다. 그런데 생각해보라. 이런 행동들은 생산성과 완전히 정반대되는 일이다. 닭의 사료비가 올랐다고 닭을 잡아버리는 꼴이다. 닭을 잡는다면 달걀을 어떻게 생산하겠는가?

매년 국회 앞에서는 쌀값 폭락, 소값 폭락과 관련해 농민들의 집회가 끊이지 않는다. 왜 쌀값과 소값이 폭락하는가? 소값 폭락에 대해 생각해보자. 소값이 올라가면 소의 입식을 늘려 소를 많이 키우게 된다. 소비에 비해 생산량이 많아지므로 소값이 폭락하는 것은 불을 보듯 뻔한 일이다. 반대로 소값이 폭락하면 오히려 송아지를 많이 매입해 키워야 하는데 사람들은 이를 위기로 판단하고 송아지를 매입하지 않는다. 그리고 시간이 지나면 소값이 폭등한다. 이런 일이 늘 반복되니 소비자와 공급자 모두가 손해다.

위기와 기회는 주기적으로 반복된다. 이렇게 반복되는 주기를 파악하면 언제든지 위기를 기회로 전환할 수 있다.

불황기에는 좀 더 공격적인 태도를 가져야 한다. 불황에 우리를 사로잡는 첫 번째 강박관념이 바로 '긴축정책'이다. 물론 불필요한 것이 무엇인지 파악해 낭비하고 있는 것은 없애야 한다. 그러나 부가가치 창출에 중요한 요소인 연구개발, 영업비용을 줄이거나 조직을 축소해서는 안 된다. 어떤 방안을 고민하든 시간과 노력을 2배로 늘려서라도 기존 고객을 대상으로 하는 비즈니스를 확대해야 한다. 나아가 새로운 고객도 창출해야 한다. 이때는 경쟁자도 불황이고 위기다. 하지만 우리에겐 "찬스다!"라고 외치는 패러다임의 전환이 필요한 때다.

경쟁자라면 불황에 어떤 대안과 전략을 활용할까? 대부분의 경쟁자는 머뭇거리게 마련이다. 이때가 절호의 기회다. 경쟁자가 머뭇거리고 있을 때 더 공격적으로 대응해야 한다. 공격적으로 대응해 경쟁자가 그들의 고객에게 소홀히 할 때 그 고객들을 끌어와야 한다. 이럴 때일수록 개인과 조직은 긍정적으로 생각해야 한다.

국제원유가가 인상되면 원유가가 생산비에 반영되어 대부분의 기업들은 위기다. 그러나 경쟁자는 이러한 위기 상황에 대비하지 못했고 자사는 이러한 위기 상황에 사전에 대응할 수 있는 시스템이 구축되어 있다고 하면 이는 위기가 아니라 오히려 기회가 된다.

세상은 누군가 손해를 보면 반대로 누군가는 이익을 보게 마련이다. 즉 누군가의 위기는 누군가에게는 기회가 된다. 예를 들어 글로벌 금융위기는 많은 사람과 기업에게 고통을 안겨주었다. 하지만 이와 같은 고난의 시기에는 반드시 기회가 숨어 있다. 어떻게 기회를 잡을 것인가? 그것은 상황을 분석하는 데서 출발한다.

- 현재 위기는 어디에서 왔는가?
- 직면한 위기는 어떤 형태인가?
- 위기에 대한 고객들의 행동과 니즈는 무엇인가?
- 위기를 맞은 경쟁자들의 대처능력은 무엇인가? 그리고 어떻게 대응하고 있는가?
- 위기에 대한 우리의 대응능력은 무엇인가?
- 과거 유사한 위기에 처한 경험이 있는가?

이와 같이 현재 상황을 면밀하게 분석한 후 분별력을 가지고 대응해야 한다. 1997년 IMF 외환위기 시절 많은 사람들이 직장을 떠났다. 다른 회사에 들어가지 못한 사람들은 액세서리 가게나 식당,

카페 등을 창업했는데 일부는 성공했으나 대부분의 사람들은 실패를 맛봤다. 이때 위기를 기회로 생각한 사람들이 바로 간판과 명함 제작업자였다. 퇴직한 사람들의 창업이 늘어났기 때문이다.

위기 상황에서도 중요한 것은 개인과 기업의 행동방식이다. 지나치게 분별없는 행동은 화를 자초한다. 공정한 규칙을 만들고 경쟁해야 한다. 경쟁자의 고객을 끌어오려고 분별없는 행동을 해서는 안 된다. 위기 상황에 현실적으로 대응하되 편법 등을 동원해서는 안 된다는 의미다.

위기는 기회의 또 다른 말이다. 위기를 어떤 시각으로 바라보느냐에 따라 결과는 달라진다. 우리가 가진 역량을 잘 파악해 위기를 긍정적인 관점에서 접근하고 활용하라.

 **한 줄 트레이닝**

**위기를 기회로 반전시키기 위한 행동**

① 미래에 닥쳐올 위기 상황을 예측한다.

② 위기 상황에 대응할 수 있는 역량을 미리 확보하거나 시스템을 구축한다.

③ 구체적인 위기 대응방안을 수립하고 실행한다.

# 최고의 인재는 무엇이 다른가

**초판 1쇄 발행** 2019년 4월 9일
**지은이** 박봉수
**펴낸곳** 원앤원북스
**펴낸이** 오운영
**경영총괄** 박종명
**편집** 채지혜·최윤정·김효주·이광민
**마케팅** 안대현
**등록번호** 제2018-000058호(2018년 1월 23일)
**주소** 04091 서울시 마포구 토정로 222 한국출판콘텐츠센터 306호(신수동)
**전화** (02)719-7735 | **팩스** (02)719-7736
**이메일** onobooks2018@naver.com | **블로그** blog.naver.com/onobooks2018
**값** 15,000원
**ISBN** 979-11-89344-67-2 03320

이 도서의 국립중앙도서관 출판예정도서목록(CIP)은 서지정보유통지원시스템 홈페이지(http://seoji.
nl.go.kr)와 국가자료공동목록시스템(http://www.nl.go.kr/kolisnet)에서 이용하실 수 있습니다.(CIP제
어번호: CIP2019009757)

* 원앤원북스는 독자 여러분의 소중한 아이디어와 원고 투고를 기다리고 있습니다.
원고가 있으신 분은 onobooks2018@naver.com으로 간단한 기획의도와 개요, 연락처를 보내주세요.